3秒ごとに
幸せを
引き寄せる
強運の法則55

望月俊孝
Toshitaka Mochizuki

ポプラ社

はじめに

この世界は理屈通りにはいかないもの……。
「実力があれば、成功する」　とは限りません。
「才能があれば、脚光を浴びる」　とは必ずしもいえないでしょう。
「努力が報われる」　というほど甘くはない……。
「善人が素晴らしい人生を歩む」　とは一概にはいえません。

しかし、
実力以上に成功し、
才能以上に注目され、
努力以上に報われ、
想像以上の人生を歩んでいる人がいる。
そんな誰もがうらやむような人生を歩んでいる人には、
共通点があるのです……。

それが

「強運」！

世界のパナソニックを一代で築き上げた松下幸之助さんは
「運の強いやつが一番偉い」
「成功は自分の努力ではなく、運のおかげである」とまで
いい切っています。

また、「なぜ成功したのですか？」という問いに

❶貧乏だったから
❷病弱だったから
❸学歴がなかったから、と答えたといいます。

・貧乏で、丁稚奉公をしたからこそ、
人や商売の基礎、お金の大切さを学んだ。

・病弱だったからこそ、人の力を借りた。
人の協力のもとでやってこられた。

・学歴がなかったからこそ、人の話をよく聞き、活かしてきた。

これが**3つの財産**だというのです。
通常は三大弱点といってもよいことを、
3つの財産・成功の秘訣だというのです。

強運の人の大きな特徴の1つは

「不運さえ、強運と捉える、変えることができる人」

のことです。

もし弱点や不運を「成功の秘訣や財産だ」と考えを転換できたら、**どんなことでも強運に変える力**を手に入れたといってもよいでしょう。

そして、**「私は強運」**だと自然に思えることでしょう。

日本経済新聞の連載「私の履歴書」は成功者の自伝ですが、
ここで最も多く登場する言葉は何でしょうか？
それが意外にも……

「たまたま」。

たまたま電車に乗り遅れた結果、偶然にも運命的な出会いがあった……、
左遷された先が、**たまたま**ビジネスには最高の環境だった……、
失敗したことで**たまたま**ヒントを得て、
素晴らしいビジネスが立ち上がった……など
紆余曲折はあっても、最後は

「なぜか不思議とうまくいく」

といった事例のオンパレードです。
あなたもそんな強運な人になりたいと思いませんか?

さて、成功者の特徴が「強運」なら、
強運な人の特徴は

「❶最高のタイミング(時)で、❷最高の環境(場所と仲間)に恵まれ、❸適切な行動をしていること」です。

その結果、どんどん強運になるという
「強運スパイラル」現象を起こしています。

私は不運のどん底にいた！

30代半ばの私は……

・独立に失敗し、借金6000万円を抱える
・借金返済のために睡眠時間を削り、長時間労働をする
・ほぼ休みなしで働き、残業150時間でも残業代はつかない
・ストレスから全身アトピー性皮膚炎になり、
・疲れ切っているのに痒くて夜も熟睡できない

つまり、経済的・精神的・肉体的に**どん底。**
身重の妻にもストレスを与えてしまいました。
また、せっかく授かった子どもは切迫早産で未熟児として生まれ、
生後間もなく大学病院の集中治療室に2ヵ月入院。

そこに追い打ちをかけるように

・拾ってもらった会社から突然リストラされた、のです。

ところがその後、

・2年間、苦しんでいた全身アトピーが3日で消え、

・借金6000万円を、リストラされたにもかかわらず8ヵ月で奇跡的に返済でき、

・本当にやりたかった仕事を31年続けられ、

・未熟児で生まれ、集中治療室に2ヵ月入院していた長男はスクスクと成長。

今は会社を引き継ぎ、私の代よりも発展させている。

・ステキなチャンスやご縁に恵まれ、それまでがウソのように変わり、

「強運」の持ち主

といわれているのです。

本書はそんな「凶運《きょううん》」の

どん底にいた私が**「強運」**になった秘訣や

私のまわりにいる素晴らしい方々の事例などから、

❶ **誰でもできる**

❷ **楽しく続く**

❸ **効果が高い**

三拍子そろった、強運になる秘訣を55個、ご紹介します。

1項目につき「3秒」で極意がつかめます。

各項目の最初のページは、

3秒で心に響くよう簡潔な言葉を選びました。

それに続くページには、

その言葉の背景やストーリー、エビデンスなどをまとめています。

本書は最初からすべてを読む必要はありません。
本全体をパーッとめくっていただき
3秒で「これは！」と感じたものから、
読んで実践してみてください。

そして、できれば本書をいつも携帯していただき
ふと勇気や智慧や癒しがほしいときに、パッと開き
3秒だけ見て、活かしてください。

そうした「3秒」の積み重ねが「なぜか不思議にうまくいく」
強運体質へあなたを導きます。

あなたの人生に劇的で、
ステキな変化を起こすことでしょう。

強運

CHANCE
CHANCE
CHANCE

A?
B?

信じる

心の壁

SALE
Low
-priced
VIOLIN

01

一瞬にして幸せになる方法

今、もし、失うことになったら、とても悲しくなってしまうことを１つ挙げて、それを失った状態を１分間だけ想像してみてください。

「そんなこと考えたくないよ」と、心の中で叫んだ人もいると思います。
ご安心ください。
この質問にしたがって、１分間思いをめぐらすほど、実は失う確率は低くなります。
それだけでなく、この実習の後で、一瞬にして幸せな気分になることができます。
では目を閉じて想像してみてください。

悲しみや痛みも感じることでしょう。
だからこそ同時に、そのかけがえのないものが目の前にあり、存在することがありがたく、愛おしく、なんと幸福なんだ！　と、さらに大切にしようと思ったことでしょう。
今ある幸せを忘れ、感謝もせずほったらかしにしてしまうと
「なくして初めてその大切さに気づく……」ということにもなりかねません。

「幸せとは獲得するものではなく、既にあることに気づき、感じるものだ」

といってもよいでしょう。

私たちは、今どれほど多くの存在に支えられ、
どれほど多くの人のお世話になっているでしょうか？

空気、平和、安全、お金、電車、車、太陽、ごはん……
誰かにつくってもらう料理、給料を払ってくれる会社、
大切な連絡を瞬時にとらせてくれる電話やインターネット、
大成功者の生の声を教えてくれる、１６００円の本……。

「日常起こる問題」ばかりに目を向けて不平をいうのではなく、
自分がこんなにも恵まれていることに
どれほど感謝しているでしょうか？

どんなことにでも瞬時に感謝できる感性を**「感謝神経」**と呼んでいますが、
この**感謝神経を育てることが幸せと強運を引き寄せる第一歩であり、最も大切な鍵**です。

幸せを大切にする人は、幸せを引き寄せる力がより強くなります。

あなたが一瞬にして幸せになるためには、
「今いかに自分が恵まれているか？」に意識を向けてみてはいかがでしょうか？
するといかにあなたが「強運」なのか、一瞬で気づくことができるでしょう。

強運ワーク

あなたが今すぐ感謝できる人、もの、存在を10個以上リストアップしてください。
それがあることで、あなたの人生がどんなに幸せで豊かになっているかを想像してみましょう。

02

【強運になる「あいうえおの法則」】

【あ】…「愛」

【い】…「インスピレーション」

【う】…「運」

【え】…「縁」

【お】…「恩」

あ 「愛」をたくさん与えられて生まれ、育ち
い 「インスピレーション」に常に導かれ
う 「運」がよく、「不運」さえ「幸運」の始まりと捉え
え ステキな「縁」に恵まれ、活かして……
お 「恩」返し、「恩」送りの人生を生きる

すると

か 「感謝」の気持ちが自然に生まれ
き 「奇跡」や「強運」を次々に引き寄せていく

あなたはそんな人生を生きることを
生まれる前に
決めてきています。
それを思い出しましょう！

強運ワーク

あなたがどれだけ強運なのか？「あいうえお」の強運に恵まれて導かれてきたのか？
強運の理由を10個、書き出してみましょう。

03

ピンチを乗り越えた人を
「強運」と人はいうが
ピンチに出合わないのが
最高の「強運」。
あなたは絶対、強運！

【あなたは絶対、強運の持ち主です！私が太鼓判を押しましょう！】

「そんなバカな」と、思った方もいるかもしれません。
「だって、奇跡的なことも、スゴイ体験もしていないし、毎日、平凡な生活をしているだけだから……」と。

だからこそあなたは絶対、**強運の持ち主**です。

自動車や飛行機の大事故から九死に一生を得たり、難病から奇跡的に回復したり、どん底から大逆転を起こした人のことを奇跡の人と呼び、強運の持ち主といいます。
しかし、**そのような災難や**

ピンチに遭わないのが奇跡であり、

最高の強運です。

世界的に見ても、
日本のように恵まれた国はそうそうありません。
この時代に、日本に生まれたということだけで、
トップ3％の強運の持ち主です。
80年近く、戦争に巻き込まれることなく、
身分の差別もなく、職業選択の自由、言論の自由もあり……
「思いっきり生きていいよ！」と教えてもらっています。

行動力のある人にとっては、
こんなに便利で、
可能性に満ちた時代は
今までなかったのではないでしょうか？

あなたは絶対、運がよい。

強運ワーク

あなたが絶対、強運の持ち主である理由を10個挙げてみてください。
もちろん、逆境やピンチを乗り越えた経験もそこに加えてくださいね。

04

【4Cの強運法則】

❶Change（チェンジ・変化する）
❷Challenge（チャレンジ・挑戦する）
❸Chance（チャンス・機会に出合う）
❹Choroi（チョロい・楽しい・最高）

☆ **変化（Change）**

この世界は時間と共にすべてのものが変化します。
だから変化は避けて通れません。
個人も組織も社会も常に変化し、
進化していきます。
個人の成長、技術の進歩、環境の変化、
社会の価値観の変化など、さまざまな面で変化が起きています。

その変化を楽しむ人はますます強運になり、
変化を拒むものは運から遠ざかります。

☆ **挑戦（Challenge）**

変化がつきものの人生で

挑戦する人は常にチャンスと強運をつかみます。

挑戦から逃げる人はチャンスや運も逃げていってしまいます。
新しい状況や環境に適応するためにも挑戦が必要です。
挑戦は、困難や障害を克服する必要がある状況を指します。
挑戦は個人の成長やスキルの向上につながり、
自己成長の機会を提供します。
挑戦して、積極的に立ち向かうことは、
新しい可能性を探求し、成長するための重要な手段です。

☆機会（Chance）

機会は変化と挑戦から生まれます。

機会は私たちのまわりにいつもあり、変化に適切な

反応や挑戦をすることでつかむことができます。

機会を見逃すことは、
成長や成功の機会を逃すことにつながる可能性があります。
機会を見つけ、すぐに行動しましょう。

☆Choroi（チョロい・楽しい・最高）

変化や挑戦はときに不安を引き起こします。
機会が巡ってこないと、イライラすることもあるでしょう。
機会が巡ってくると、
ときにハラハラドキドキしてしまって
進んで前向きに取り組むことが難しいことがあります。
だからこそ、それに向かって、

「最後はすべてうまくいく」「なぜか不思議とうまくいく」と考えながらワクワク挑戦することが重要です。

4Cで強運な人間にますますなっていきましょう。

強運ワーク

あなたが叶えたい夢、理想の姿を想像してください。そこに向けて❶どんな変化が起きそうですか？　❷どんな挑戦が必要ですか？❸どんなチャンスをつかみたいですか？　❹それをワクワク取り組めそうですか？

05

「幸せ」を手に入れるのではなく、「幸せを感じる心」を手に入れるのだ！

「宝地図」（Ｐ62参照）に出合うまで、私は
「〇〇さえ手に入れば幸せになるだろう！」と思って、
いろいろ努力を重ねてきました。

「能力さえ手に入れば」
「パートナーさえできれば（手に入れば）」……。
「お金さえ手に入れば」

しかし、目標としたものが手に入っても、
一時的な満足しか得られませんでした。

そして次から次へと求めるものを変えてさまよいました。
それでもやっぱり本当の意味での幸せにはなれない……。

そこでわかったことは、
「外にあるもの」を追い求めても
幸せを得られるとは限らない、ということでした。

「幸せ」を手に入れるのではなく「幸せを感じる心」を手に入れる

ことのほうが大事だということがわかりました。
世界Ｎｏ．１コーチ、願望達成の達人として、本が世界中で大ベストセラーになっているアンソニー・ロビンズ氏がいいます。

目標を設定する本当の目的は、
それを追い求めるうちにあなたを
人間としてつくり上げていくことなのです

多くの人々は、目標を設定するとき、それらが実現してから初めて幸せがやってくるものと考えています。
でも、幸せになるための目標を達成することと、
幸せに目標を達成することには大きな違いがあります。
毎日を精一杯、できるだけの喜びをひきだすように生きてください

※『あなたの「最高」をひきだす方法』（ＰＨＰ研究所）より引用

今、与えられていることに感謝し、
幸せを感じつつ、
夢実現への道を楽しみながら
一歩一歩進みましょう。
「夢に向かって挑戦しているプロセス」にこそ、
本当の幸せがあるのだと気づくでしょう。
すると人生に流れがやってきて、
まるで運命に導かれるように目的地にたどり着けます。

目標にしがみついて、突き進むというより
「必要なときに与えられる」「手に入るのがあたりまえ」くらいの
ゆったりとした気持ちのほうが、
早く、しかもタイミングよく実現するものなのです。

強運
ワーク

今、あなたが受け取っているものが「いかに幸せか」をリストアップしてみましょう。
今の喜び、今の感謝、今の幸せが、さらなる大きな喜び、感謝を引き寄せます。

06

チャンスは自分に合わせてくれない。チャンスに自分を合わせよう

私はずっと最高の状態をイメージして、
チャンスを待ち続けていた。
するとなんと、最高のチャンスが……

来なかった！

それどころか、チャンスらしきものが来ても、
「これは最高ではない」「これは違う」といって、
最高のチャンスが来るまで待ち続けて、
どん底の状態になってしまったのです。

そんなとき、どうしても参加したい「カウンセラー養成講座」が
行われるという噂が私の耳に飛び込んできたのです。
当時の私は起業直前。借金5000万円を抱えていたということもあり、

❶ 100万円以内の費用だったら参加できるな〜
❷ 東京から通える場所で行われたらいいな〜
❸ 開催は土日祝日で10日くらいだったらいいな〜

と思っていたのです。ところが、発表されたのは

❶ 1人400万円の費用がかかる（セミナー代・通訳料・旅費・宿泊費など含め）
私たちは夫婦で参加したかったので800万円！

❷**開催場所はハワイ**

❸**開催日数は66日間**

しかも22日間ずつ3回に分けて行うため、渡航費用は3倍。想像を超えた条件でした。

自分が想定した条件で、

このカウンセラー養成講座が行われることは考えられなかったのです。

そう、

チャンスは自分に合わせてくれません。

だったら、チャンスに自分を合わせよう！と、

行動したのです！

何とか、お金を工面することができましたが、

既に5000万円以上あった借金は、さらにふくらんで6000万円になりました。

でも結果的には、ハワイでカウンセラーの資格を夫婦共に手にすることができたのです。

そこから私は、最高のチャンスを待つのではなく、

チャンスだと思ったらそのチャンスに自分を合わせるようにしました。
お金がなければお金をつくればいい。
時間がなければ時間をつくればいい。
能力が必要なら能力をつければいい。
人脈がなければ人脈を築けばいい。
するとお金や時間をつくる力がついてきました。
人脈を築く力がついてきました。
能力を高めることができるようになり、
その身につけた能力は一生涯の能力となっていったのです。
その結果、800万円だけでなく借金6000万円がなんと！
1年で返済できたのです。
もしチャレンジしなければ、いつまでたっても同じ問題で悩み続けたことでしょう。
私は、1年前とはまったく違うチャンスを得ることができるようになってきたのです。

強運ワーク

最高のチャンスを待ち続けたにもかかわらず、あなたが結局逃してしまったことは何ですか？

また、成長した今のあなたならば、そのときどんなチャレンジをしますか？

07

困難の中にこそ大きなチャンスがある！

私が自分で考え出したアイデアは何1つない。

無数の問題を解決してきた
超一流の経営コンサルタントがこんな言葉を語ります。

あなたはどう感じますか？

世界45ヵ国で1000社以上を実際に指導してきた
世界的に有名な経営コンサルタント、ブライアン・トレーシー氏が
語った言葉です。

彼は、どんな問題でも必ず解決できるといいます。

ただし、自分だけでは難しい。
誰かが取り組んできたアイデアの組み合わせや、
他の業界で成功したアイデアの組み合わせで、
必ずどんな問題も解決できるというのです。

「これは難しい、大変だ、厳しい」という人は、今までのやり方や知っている方法だけでやろうとしているから大変に感じているだけなのです。

新しいやり方、先達の方法を学べば、今までよりも楽しく、簡単に、上手に学び、実践することができるようになります。

素晴らしい実績を上げる人は、常に新しいやり方、新しいチャレンジをどんどんしています。

「誰かができたことは必ず自分にもできる」と考えます。少なくとも、そのできた人に教えてもらえば、今よりもずっと進歩することができるのです。

そのような成功者がもしまわりにいなくても、
本や講演、ＹｏｕＴｕｂｅ、ＳＮＳなどからいくらでも学べますね。

しかも、難しいと思ったこと、大変だと思ったことこそ、
その中にチャンスが隠されています。

できなかったことが、できるようになる。
不可能が可能になる。
誰もできなかったことができた、
となると、
それを教えてほしいという人々が何人も現れてきます。

あなたの苦労した経験が財産となるのです。
すべてのビジネス・コンテンツは
こうやって生み出されているのです。

私のメンターは、

「あなたがなぜ今、苦しんでいると思う？
それはその問題を解決し、
その解決策を悩んでいる人に
教えるためにあなたが選ばれたんだよ」

と教えてくれました。

困難の中にこそ大きなチャンスがある！

そう思う人は、必ず**「強運の人生」**を歩み出すでしょう。

強運ワーク

あなたが抱えている課題を解決したら、どんなことを伝えられる人になるでしょう？
誰のどんな教えをミックスするとうまくいくでしょうか？　あきらめない限り、打つ手は無限！

08

ツイている人生に変わる4つの「絶対開運力」

幸せで豊かに暮らす人は、例外なく「ツイている人生」を送っています。

しかし、
彼らはたまたま運がよかったのではなく、
日々、運をよくする３つの武器
1思考・2言葉・3行動を持っています。

その結果、誰もがうらやむような人生を送っています。

そんな幸せな成功者が大切にしている

「４つの絶対開運力」

を紹介しましょう。

❶「チャンスに気づく力、引き寄せる力」

あなたがどんなチャンスをつかみたいのか？
意図を明確にするだけで、
チャンスはあっという間に訪れます。
明確な夢や目標・テーマを持ち、
どんなチャンスがほしいのかを、
どんどん周囲にも伝えていきましょう。
そして、まわりの人の求めているものを
同時に聞いていきましょう。
すると、ますますこの力は高まります。

❷「チャンスをつかむ力、活かす力」

ひとたびチャンスに気づき、引き寄せるようになると、
日常がチャンスであふれるようになります。
しかし、**思い切った決断や行動をしなければ、**
チャンスは他の誰かのところに渡ってしまいます。

1人では難しいと感じたら、
すぐに仲間や先輩の力を借りましょう。
日頃から、決断し、行動する習慣を身につけることで、
いざというときの開運力が高まります。

❸「チャンスを広げる力、継続させる力」

チャンスを独り占めしようとする人は、
ツキから見放されてしまいます。
チャンスは周囲に分かち合うことで、
チャンスや喜びの善循環がまわりに起きてきます。
誰がどんなチャンスを求めていて、
誰にどんなことを分かち合うと喜ばれるのか？　を、
常に意識しているとますます開運力が高まります。

❹「不運を幸運に変える力」

まったくチャンスが来ない。いろいろ努力しているのに一向に

結果が出ない。そんなときって誰にでもありますよね。
そのときは運が悪いのではありません。
運を貯める絶好のチャンスがきているのです。
運とお金は似ています。
お金を使わないとお金が貯まります。
同様に運を使わないときは、
運が貯まっているのです。
それが不運を幸運に変える……絶対開運力なのです!

この4つを自在に活用して
「絶対開運力」を身につけましょう。

強運
ワーク

あなたは4つの「絶対開運力」の何を一層マスターしていきたいですか?
もっと開運し、豊かな人生を送るために意識するポイントはどこでしょうか?

09

意識を向ければチャンスは常に目の前にある

「オデッセイって人気がある車なんだね！
街のそこら中を走り回っているよ」
あるとき、会社のスタッフに興奮して語ったことがありました。

たしかに、ある日を境に
「ＨＯＮＤＡのワゴン車であるオデッセイ」が街中で激増したのです。
2倍、3倍……そんなものではなく、10倍になったように感じたのです。
とはいえ、ＨＯＮＤＡが大安売りしたわけでも、
特別なキャンペーンをしたわけでもありません。

では、なぜこのようなことが起きたのでしょう？

勘のよい方はもうお気づきですね。
そうです、10倍に増えたのは
「実際に走っているオデッセイ」ではありません。
街中を走る無数の車の中から、
「私が発見するオデッセイ」の数が10倍になったのです。

もちろん、
私が「次の車はオデッセイを買おう」と決めたその日から！

人間の脳は意識を向けたものを拡大し、
注目していないことを
どんどん縮小する機能があります。

「ハワイへ行こう！」と決めた人は、
街中にハワイ旅行の情報が
あふれていることに気づきますよね。
私がバリ島へ行こうと決めたときは、
パリ（フランス）行きの案内でさえ
バリ（島）行きに聞こえました。
引っ越しを考え始めたら、
街中に不動産屋さんがあることに驚きますよね。
しかし、
それらは意識する前は、目の前にあってもほとんど気づきません。

このように、

意識は

拡大レンズ

のように働いているのです。

ビジネスのチャンス、
夢実現のヒント、
素晴らしい人との出会い……
これらは日常にあふれています。

至るところに

幸せの種（＝強運に導いてくれる種）が眠っています。

もし気づいていないとしたら、
それは意識のアンテナが向いていないだけなのです。

意識を向けたものは、
「情報」も「出会い」も

「自分は強運だ！　というセルフイメージ」も必ず拡大していきます。

ですからほしいもの、ほしい情報にしっかりとアンテナを立てることは、
とても大切なことなのです。

強運ワーク

あなたは、どんなアンテナを立てますか？　どんな情報がほしいですか？
どんな人に出会いたいですか？　明確にして、意識するとチャンスが向こうからやってきます。

10

起きていることは、すべて宇宙の愛情表現

「どんなトラブルも**すべては『宇宙の愛情表現』**なんだよ。
数日でも、たった一晩でもいいからそう考えてみてごらん」
私がいくつもの問題を抱え、とても苦しんでいるとき、
メンターが語りかけてくれました。

真実はどうなっているのか？
私にはわかりませんし、**誰にも証明することはできません。**

でも私にとって大切なことは、

「トラブルさえも宇宙の愛情表現だ」

と考えることで、
落ち着きを取り戻すことができ、
今まで気づかなかったことに目が開かれたという点です。

私にも、**何回も「もうダメだ」と思う時期がありました。**
しかし、今、振り返ると、

すべては**「宇宙の愛情表現」だった**のだと強く感じます。

大学卒業後、勤めた自動車会社で、私は最低の成績をとり続けました。24時間365日、車のことばかり考えている仲間との競争に負け、先が見えない時期を過ごしました。

しかし、だからこそ、

「自分にも彼らと同じくらい打ち込めるテーマがあるに違いない」

と探し求め、天職である、自己啓発の講演家や作家としての道が開けました。

病気によって、働きすぎだった人生にストップをかけることができたこともありました。

「失敗が怖くて独立なんてできない！」と思っていたときにリストラされたからこそ、再独立できて今の自分があります。

トラブルの渦中にいると、**自身の不幸を呪いたくなることもあるでしょう。**

しかし、乗り越えられない壁が目の前に現れることはありません。

また壁を乗り越えた先には、素晴らしいギフトが待っているものです。

目の前に起きてくることの中に、

「愛あるメッセージ」

を見出すことができれば、
より落ち着いて、**自分らしい「選択」**ができるでしょう。
そしてその「選択」こそが、あなたをギフトへと
導いてくれることでしょう。

強運ワーク

目の前の課題やトラブルが「宇宙の愛情表現」だとすると、
あなたはこれからの行動を、どのように「選択」しますか？

11

「宝地図」に書いたあなたの夢は叶う

私はかつて、夢実現の三重苦に悩んでいました。

★**夢が叶った姿をありありとイメージする**
★**夢をいきいきと語る**
★**夢に向かってワクワクしながら行動する**

この3つが**夢実現の三大要素（イメージ化・言語化・行動化）**ですが、
その3つとも私にはうまくできませんでした。

イメージしようとしても目の前が真っ暗、
言葉にもエネルギーが込められない、
ワクワク情熱的にも行動できない。
まさに**夢実現の三重苦……。**

しかし、
その暗い時代も「宝地図」との出合いで一転、
パッと明るくなりました。

私自身が、真剣に宝地図をつくったそのわずか2～3年後には、
当時の夢がすべて叶っていました。

理想の仕事と収入、ベストセラーの出版。
セミナーはいつも満席、
理想の住まい、借金も完済！
自分でも信じられないほどでした。

「宝地図」とは、あなたにとっての「宝の地図」。
左のイラストのように

あなたの理想の未来を先取りして、1枚のボードに収めたものです。

コルクボードや大きな紙に、あなたの最高の笑顔の写真を貼り、まわりに、あなたの夢や理想の仕事、ライフスタイル、収入、家、パートナー、憧れの旅先……などの**写真を貼っていきます**（文字でもかまいません）。そして、できあがった「宝地図」を部屋に飾り、ワクワクしながら毎日眺めます。

すると、イメージ化ができ具体的に行動できて、書いた夢が不思議とどんどん叶うのです。

実際、夢実現の報告を、メールや手紙などで連日たくさんいただきます。

「こんな夢が叶ったんです！ありがとう望月さん！」と

直接報告をくださった方は、この数年だけでも数えきれないほどいます。

「宝地図」はそれほど強力な夢実現法なのです。

宝地図をつくると、毎日理想の姿があなたに語りかけてくれます。一瞬にしてワクワクを思い出し、**いつも夢に集中する人生になります。**

ぜひあなたも宝地図をつくってみてください。

※詳細は私の著作『見るだけで9割かなう！ 魔法の宝地図』（KADOKAWA）、『今すぐ夢がみつかり、叶う「宝地図」完全版 1日3分見るだけ！』（主婦と生活社）をご覧ください。

強運ワーク

今すぐ宝地図をつくりましょう。目の前にある比較的大きな紙に自分の写真を貼り、書き込むだけでいいのです。毎日ニコニコ眺め、楽しみましょう。

12

「本」は、強運になり幸せを呼び込む最高の自己投資

ほとんどのリーダー（Ｌｅａｄｅｒ・指導者）は
リーダー（Ｒｅａｄｅｒ・読書家）です。

良書から学ぶことほど投資対効果が高く、人生を豊かにするものはありません。

達人が人生を懸けて到達したエッセンスを
ほぼ２０００円以内で学ぶことができるのですから。

そのことをリーダーは知っています。

魔法の読書法（４Ｃ速読法※４ＣについてはＰ30参照）を提唱し、
3万冊以上の本を読んできた者として、
ここでは特に「あなたを幸せに導くテーマ」で
珠玉の本・14冊を選んでみました。

『愛と癒しのコミュニオン』（鈴木秀子／文藝春秋）
『あした死ぬかもよ？』（ひすいこたろう／ディスカヴァー・トゥエンティワン）
『一瞬で自分を変える法』（アンソニー・ロビンズ／三笠書房）
『宇宙からの帰還』（立花隆／中央公論新社）
『運転者』（喜多川泰／ディスカヴァー・トゥエンティワン）
『エッセンシャル思考』（グレッグ・マキューン／かんき出版）
『神との対話』（ニール・ドナルド・ウォルシュ／サンマーク出版）
『嫌われる勇気』（岸見一郎・古賀史健／ダイヤモンド社）
『クリエイティング・マネー』（サネヤ・ロウマン、デュエン・パッカー／ナチュラルスピリット）
『すべては導かれている』（田坂広志／PHP研究所）
『大富豪からの手紙』（本田健／ダイヤモンド社）
『DIE WITH ZERO』（ビル・パーキンス／ダイヤモンド社）
『7つの習慣』（スティーブン・R・コヴィー／キングベアー出版）
『なまけ者のさとり方』（タデウス・ゴラス／地湧社）

私がそうであったように、
これらの本がきっとあなたに幸せと強運を運んでくれることでしょう。

良書には、一生かかっても1人ではなかなか気づけない「強運の法則」「幸せの法則」「人生の法則」がつまっています。

強運ワーク

あなたが人生をもう一度やり直せるとしたら、真っ先に読みたい本は何でしょう？
その本のエッセンスはどんなことでしょうか？
それを活かしていったら、生涯でどのくらいの価値を生みだせると思いますか？

13

成功者は「高い壁」を一気に乗り越えるのではなく、「階段」を地道に上る

誰もがうらやむような夢を実現する人は、
遠くから見ると、１００ｍもの壁を
一気に乗り越えているように見えることがあります。

しかし、**夢実現の達人のそばに**
近づいてみると、１００ｍの壁の裏に
１０００段のらせん階段が
用意されているのです。

段差10㎝の階段なら誰でも上れます。
夢実現の達人はそれを毎日、
何十段も何百段も
地道に上り続けているのです。

成功者は1週間とか1ヵ月に一度だけ、ほんの数回のトライで
高い壁を上ろうとしているのでは決してありません。

そして、らせん階段を地道に上ることに

日々トライしていますから、
自ずと筋力も、体力も、技術もつき、
いつの間にか、高い壁もよじ上れる
「成幸筋肉」がついていることが多々あります。

こうなると本当に、

1度に100mの壁を乗り越えるような芸当も、たまにやってのけたりします。

その奇跡のような成功の瞬間だけをとらえて、
「やっぱり私には無理だ……」とあきらめる人が多いのです。

天才的な人や、
人から崇敬のまなざしを浴びる人も、
秀でた才能を発揮している人も、多くは
スタートした頃は、毎日らせん階段を地道に上っていただけなので

「いや、私なんて特別な才能はありませんよ」と
本音で謙遜したりします。

一方で、他人からすると彼らが毎日、
らせん階段を上り続けていることを知らないので、
常人にはできない
「何か特別な秘密」があるように誤解してしまいます。

あえて秘密というなら、
彼らがたとえ少しずつでも上れる程度の
「適切な目標」を設定し、毎日こなしていることと、
日頃からの鍛錬によって
地力が少しずつついていっている、ということくらいです。

そのための**「小さな行動」**を
実際にしているか、していないか、
だけの違いです。

夢を叶える人とそうでない人には、いつもほんの少しの違いしかない。

「小さなことを積み重ねることが、とんでもないところへ行くただ1つの道」（イチロー）

強運ワーク

あなたの夢の実現までの道のりを1000の階段に分割するなら、その1段はどんなことでしょうか？

もし、毎日上り続けたとしたら、3年後には夢にどれくらい近づいていると思いますか？

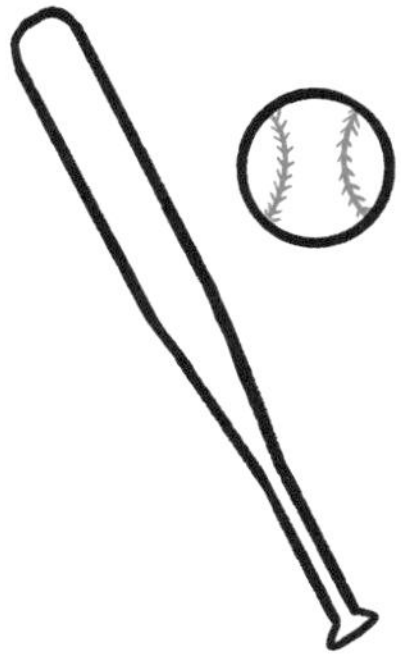

14
与えることは受け取ること。ブーメランの4つの法則

「人生はまさにブーメランだ。
人に与えたものは手元にかえってくる」（デール・カーネギー）

この**「ブーメランの法則」**の話を最初聞いたときは、

与えても返ってこないことが多いよな……

と、信じられない気持ちでした。

しかし信じられなかったのは、
ブーメランが返ってくる「方角」「タイミング」を
よく知らなかったからなのです。

ブーメランの返ってくる方角・タイミングは４つあります。

法則1
誰かに○○を与えると、
相手から○○に見あったことが与えられる

法則2
誰かに○○を与えると、
相手から時間差をおいて返ってくる、
あるいは何かの出来事として与えられる

法則3
誰かに○○を与えると、〝他の人〟を通じて返ってくる

法則4
誰かに○○を与えること自体がとても幸せなので、
すでに与える喜びを受け取っている

成功哲学では、
法則2の、時間差の間にたまるエネルギーを
「天上貯金」と呼びます。

そして、その利子は地上よりはるかにいいようです。

与えたことと受け取ることの間には、たいていの場合、時間差があります。
与えたものが返ってくるのを待っている間にも、
大きな利子がついてくると思うと、楽しみが増えますね。
また、めぐりめぐって、
どんなところから返ってくるのか想像するのもワクワクしますね。
新しい出会いやご縁を選んで、与えたものが返ってくるかもしれないのですから。

このように与えることを楽しむのと、
与えたことが返ってこなくてイライラするのとでは、人生の楽しみがまったく違います。

楽しみながら今できる最高のことをまわりに与えていけば、
一層幸せや豊かさが循環して返ってくることに、気がつくことでしょう。

強運
ワーク

あなたがほしいものを手に入れるためには、あなたは何を与えるとよいのでしょうか？
ほしいもののリストと、与えるもののリストを書き出してみましょう。

15

#「気楽にいこう」力を抜くと、逆によい結果がやってくる

「チン、チーン」という発表終了のベルが、
私には敗戦を知らせる鐘のように聞こえたことを
今でも覚えています。
「この会社での昇進はあきらめなさい」と。

社会人3年目で赤面恐怖症だった頃のこと。
研究発表会が全社的に行われていました。
そしてそれは言わば、新人の登竜門とされていました。

それまでの2年半、営業では2番の成績。
ただし、下から数えて……。

そんな私にとっては今回が大切なリターン・マッチ。

結果が出なければお先真っ暗が確定する背水の陣。
発表する数日前から
「頑張るぞ」と思いつつも、
心の中は

言葉と想像力が戦ったときは、

「失敗したらどうしよう？
何とか失敗しないように……」という
感情とイメージで、練習しても落ち込むばかりでした。
「頑張ろう」「うまくやろう」と言葉で言い聞かせても、
その言葉とは裏腹に失敗のイメージ（想像力）で
不安な状態です。

いわゆる「努力逆転の法則」通り
努力すればするほど、逆に失敗してしまう。
顔は赤面、頭は真っ白、喉はカラカラ、
声は上ずり、心臓はドキドキ、
手足は震えがひどくなるばかり。

あなたにもそんな経験はありませんか？

自己暗示法の創始者エミール・クーエ氏は

必ず想像力が勝つといいました。

しかし、

もし言葉と想像力が手をつなげば、
その力は和ではなく、相乗効果となるともいいました。

いったん「うまくやろう」と意識しすぎるのをやめて、
「気楽にいこう」と、考えてみてください。
余計な力が抜けて逆によい結果がでるものです。

強運ワーク

言葉と想像力が戦っていることは何？　また、手をつないでいることは何？
相乗効果を上げられたらどんなふうに変わるでしょう？

16

心はすべてを知っている

「どんなに考えても、どんなに情報を集めても、
どうしてもどうしても決められない……」

そんな状態に陥ったとき、
あなたの「本心」が正確にわかるテクニックをお話しします。

まず、コインを1枚用意してください。
10円玉でも500円玉でもOKです。

次に、あなたが悩んでいる課題を「二者択一」で答えられるような
質問に置き換えてください。

「年収が上がる転職の誘いにのるか？　やりたいことをするために独立するか？」
「この事業計画にGOサインを出すべきか、ストップするべきか」

など、「YESかNO」もしくは、「AかBか？」という質問に置き換えたら、
次はコインの表裏にその答えを託します。
「表が出たら転職。裏が出たら独立」、

「表が出たらGOサイン。裏が出たらストップ」と
いった感じで宣言をし、

「私に答えを教えてください」と唱え、コインをトスします。

そして、コインの裏表がわからないように
両手でキャッチしたら、まずは呼吸を整えてください。

心はすべてを知っていますから、この結果は必ず正解を教えてくれます。

「表が出たら転職。裏が出たら独立」あるいは「表が出たらGOサイン。裏が出たらストップ」。

もう一度選択肢を確認し、ゆっくりとコインの結果を見てください。


さぁ、表か裏、どちらが出ましたか？


それを見た瞬間のあなたの気持ちはどんな感じですか？

うれしいですか？　がっかりですか？　それとも複雑な心境ですか？

じっくりその感情を味わってみてください。


（次を読む前にこのテクニックを今、してみてくださいね）

このテクニックはコインの表が出たか、裏が出たかは関係ありません。

「コインの表裏を見た瞬間の感情が実はあなたの答え」なのです。

「うれしかったとしたら、そのコインの選択通り！」
「残念な感じがしたら、そのコインの選択の逆」ということですね。

コインが答えを教えてくれるわけではありません。
しかし、その結果を見たときの「感情」は、
あなたの「本心」を正確に教えてくれます。
あなたの心はすべてを知っているのですから。

強運ワーク

このコイントス法を実際に、今迷っていること、答えを受け取りたいことで試してみましょう。
あなたの本心がハッキリと見えてきますよ。

17

〝根拠なき不信〟を手放し、〝自信〟に変えよう

根拠なき自信を持っているように見える人にときどき出会います。
例えば、私の友人の1人もそう。

彼は、次々と高嶺の花と思われる女性にアタックしていくのですが、
正直なところ、私にはとてもモテるとは思えず……、
傍で見ていて**「無謀！」**と思うことも。
しかし、意外や意外、それなりの確率でステキな女性と仲よくなり、
最後はとても魅力的な方とゴールイン。
人もうらやむような家庭を築いています。

決してスマートとはいえないし、身長も低い。
いわゆるイケメンでもない……。学歴もない……。
当時の私には、モテるような男性には見えませんでした。

でも、彼といろいろ話していると、
彼と私とではモテる条件や基準・前提が
違っていたことがわかったのです。

彼は、コミュニケーション能力、話術、情熱、熱心さ、
マメさ、人間力などがあれば、容姿が整っていなくても、
モテる、と思っていたのですね。

容姿が整っていることは決定的要素ではない、
と思っていたわけです。
そして、人からは「どうしてあんなに自信があるのだろう」
「彼は根拠なき自信があるよな」などといわれていました。

ひるがえって彼から見たら、
「容姿がよくない」なんてことで尻込みしている私のことは、

「根拠なき不信（不安）」を持っているにすぎない

と見えていたのです。
彼は仕事の面でも著名人と親しくなったり、
営業でも、私が最初からあきらめているような
会社との契約をカンタンに取ってくる。

これも私とは「成功の条件」がまったく違っていたことが
後にわかりました。

私たちは「根拠なき不信」のために挑戦もしないで、チャンスを見逃していることが多々あるのです。

あなたが根拠なき不信（不安）を持っていることは
どんなことでしょう？
その**「不信」を「自信」に変えて挑戦**したら
カンタンに道が開けるかもしれませんよ。

強運ワーク

あなたの自信がない部分や、不安に思っていることは、実際は決定的な問題でしょうか？
実は、「根拠なき不信」かもしれません。自信に変えてみましょう。

18

人間の「能力」に差はない。「イメージ力」の差があるだけだ！

平均年収500万円の時代に数千万、数億円と平均より10倍、100倍の収入を得ている人たちがいます。

しかし、労働時間を10倍にすることは誰にも不可能です。

IQが10倍高いという人も見たことがありません
（IQの一番高い人と低い人の差は、最大2・5倍程度といいます）。

実は、人間の能力に「差」というものは、ほとんどないのです。

だとしたら、この年収の差はどこから生まれるのでしょうか？

その差は実は「イメージ力（想像力）の差」だけなのです。

イメージや心には「ゴムひもの性質」があり、イメージを現実にくくりつけると、その現実を引き寄せてくれるのです。


「あなたの理想の人生はどんな暮らしですか？」

「お金にも、時間にも何の制限もないとしたら、あなたはどんな夢を叶えますか？」

そういった問いかけに、即答できる人はごく少数です。

夢も理想もぼんやりしていたら、
「心」はあなたをどこに連れていってよいのかがわかりません。
貴重な時間とお金とエネルギーを浪費するだけです。

10倍魅力的な夢を実現したければ、
「10倍魅力的な夢をイメージする」ことが最初の一歩です。

そうやってまず夢や理想を掲げた人たちが、
夢を叶えていく姿を、私はたくさん見てきました。

まず理想をイメージする。
そして、理想の人物がどんな行動をするか？　をイメージし、
実践することです。

夢を叶えた人に会い、
成功者の本を読み、
動画を見たり、講演会などに参加して直接会いに行くのです。

こうして、夢に向かったイメージと行動が伴ってくると、現実のスキル、応援を受け取る力、より具体的にイメージする力といった**「成幸筋肉」**がついていきます。

もちろんチャンスにも恵まれやすくなります。

「イメージを高く持ち、行動する」ことには、

あなたを

強運体質・夢実現体質

にする効果があるのです。

「想像力（イマジネーション）は知識よりも重要だ。知識には限界があるが、想像力は世界を包み込む」（アインシュタイン）

強運ワーク

今のあなたにとって10倍魅力的な夢とはどんな夢でしょう？
その夢は、あなたやまわりの人々、世界にどんな影響を与えますか？

19 与えても与えても、尽きない笑顔の効用

誰もができて、誰からも喜ばれ、生み出す価値は計り知れない。
与えても与えても、なくならない。
それどころか減ることもなく、増幅していく。

職場に潤いを、家庭にやすらぎを、
人間関係に喜びを与え、人々に伝染させていく。

疲れた人にとっては活力剤、
病人には薬、
頑張った人には最高のごちそう、
落ち込んでいる人にとっては希望の光となる。

幸せな人、ゴキゲンな人が必ず備えている最高の才能——。
それは、「笑顔」です。

新入社員のとき、
「おあしす運動」というあいさつ運動を徹底して教えられました。

「おはようございます」

「ありがとうございます」

「失礼します」

「すみません」

の頭文字を取ったもので、この４つの言葉を中心に元気にあいさつをする運動です。

そのときの直属の上司が

「元気な声は大事だが、
それと同じくらい態度や表情も大事だぞ」と。

そこで私は、ＴＰＯをわきまえたうえで
「笑顔」をできる限り絶やさないようにしていました。

すると成績は芳しくないにもかかわらず、
上司からも、
お客様からも、まわりの人からも「望月くんは、笑顔がいいね～」と、

「笑顔」だけは
よくほめられるようになりました。
新人時代はそれが唯一の取り柄でした。
それ以来、特別な才能がなくてもできる
「笑顔の効果」を実感し、
今日まで続けています。

もちろん、いろいろな努力はしてきましたが、「笑顔」が私を強運な人間（特に人間関係においては世界一？）に導いてくれたことを確信しています。

強運ワーク

笑顔を惜しんだために、失ってきたことはありませんか？
笑顔でいたために、得られたことを思い出してみましょう。

20

「愛」は「怖れ」を包み込む

「どんな敵も、ぜったい味方にできる秘訣がある！」

といったら、あなたは知りたいですか？
それは、一言でいうと**「愛」**といってもよいでしょう。
「愛」というと、宗教のように聞こえるかもしれませんが、
次のようにお話しをするとたいてい自然に受け入れられることでしょう。

人間の感情は究極的には、「愛」と「怖れ」の2つに分類されます。

「ふわっと心が温まる」ことは愛です。
反対に「心が冷えてぐっと固まる」状態は怖れ。
「心が広がるような状態」は愛で、「心が狭くなるような状態」は怖れです。

インド独立の父ガンジー氏は、
「非暴力主義」を貫き、軍部による弾圧、暴力の数々にも抵抗せず、

「怖れ」に「怖れ」で対抗するのではなく、「愛」で包み込むのです。

非暴力（愛）を貫いたことで、
結局、大英帝国軍を撤退させ、インド独立をもたらしました。
これは、ガンジー氏の「愛」がインドを包み込み、
数億もの人々との絆を築いたことによってもたらされたと私は考えています。

また、見方を変えると「怖れは実は愛を求める叫びだ」と、
スピリチュアルなマスターは語ります。

暴力や非難、嫉妬、恨み……などの裏には、
「私を見て！」「私の意見も聞いて」「私を認めてほしい」
「もっと大切な人だと注目してほしい」といった
メッセージが隠されています。
怖れの本質がこうした感情であるなら、
怖れに怖れで抵抗すれば、ますます被害を拡大していくのは明らかです。

「愛は怖れを包み込む」ことができます。
あなたを批判している人が目の前にいたとしても、
本当のメッセージに耳を傾けることができたら、
あなたの愛は相手の怖れを
温かく包み込んでいきます。

そうなったとき、
あなたのまわりには協力者があふれ、敵などはいない、
天下無敵の存在に近づいていくことでしょう。

強運
ワーク

あなたを批判している人は、どんな愛を求めるメッセージを出しているでしょう？
あなたの「愛」で彼らに何をしてあげますか？

21

「原因と結果の法則」イコール「結果と原因の法則」

「我々は月へ行くという選択をした。1960年代が終わるまでに月へ行く。困難であるが故の選択だ」

これは、アメリカ合衆国35代大統領ジョン・F・ケネディ氏（1917-1963）の言葉です。

当初、そんなことは「不可能」だといわれた月面着陸ですが、皆様もご存じの通り、この計画はケネディの宣言した期日までに成し遂げられました（1969年7月20日）。

このストーリーは宇宙の法則から解釈すると、「因果逆転の法則」が働いたといえます。

「原因があるから結果が生じる」という法則がある一方で、その逆の「明確な結果を決めると原因がつくり出される」という法則もあるのです。

幸せになりたい。人々に貢献したい。成功者になりたい、お金持ちになりたい。しかし、今、何から始めていいのかわからない。

そういう方もいらっしゃることでしょう。

何をやったらいいのかがわからないから、
進めない、行動できない。
行動できないからやっぱり結果が伴わない。
そんな状況に陥っている方も多いと思います。

そんなとき、「因果逆転の法則」を思い出してください。

先に「結果（夢）」を選択し、強くイメージすると、
必要なアイデア、行動力、資金、応援、チャンス、
人との出会いなどの「原因」を引き寄せることもできます。

あなたが得たい結果を選びましょう。
そして、それを紙に書き出してみましょう。
もちろん「宝地図」（P62ページ参照）をつくるとより一層効果的です。

行きたいゴールや
理想の姿や夢を決めてしまうと、
自然と一歩踏み出すことができます。
そして「最高で最良の原因」を
引き寄せることができます。

「なぜか不思議とうまくいく」「すべてはうまくいっている」そんな人生が待っていますよ！

強運ワーク

どんな結果を得たいか、具体的に紙に書き出してみましょう。
夢の達成を先に書き出せば、最良の原因が引き寄せられていきます。

22

夢が叶う・叶わないより重要。夢に挑戦する過程こそがあなたを育てる！

ほとんどの成功者が「夢」を持つことの重要性を語ります。

しかし、夢を持つといいことばかりとは限りません。
副作用やデメリットもあります。
例えば、予定通り進まないとストレスになります。
挫折することだってあります。

「いっそのこと、夢など持たなければよかった」と落ち込むこともあります。
また、あまりに夢や目標の形やルートにこだわりすぎて、柔軟性がなくなることだってあります。

そうした「夢の副作用」をあらかじめ知って、本気で取り組む覚悟さえ決めてしまえば、**夢を持つメリット**は計り知れません。

❶毎日に張りが出て、充実してくる。やる気や情熱・勇気がわいてくる
❷必要な資源（情報・人脈・時間・エネルギー・お金など）が集まってくる
❸言葉や行動・考え方が明るく、積極的になる
❹ちょっとした挫折や失敗・試練くらいではめげない
❺つき合う仲間が変わっていく（同志や仲間が集まってくる）
❻平凡なことにも意味を見出せる。試練さえ喜びに変わる。失敗からも学べる
❼エネルギーがわいてきて心身共に疲れない・元気になる・若々しくなる
❽才能や技術が磨かれてくる。経験や実績、潜在能力が開発される

このように夢に挑戦する過程で、
必要なものがすべてやってくるのです。

今、挑戦している夢が叶うとか、叶わないとか、それは大きな問題ではありません。

夢に挑戦し続ける中で、

私たちの「成幸筋肉」が日々鍛えられて成長し、
その筋肉にふさわしい夢が
やがてあなたの前に現われるのです。

そのとき、あなたは思うでしょう。
この日を迎えるために「すべては用意されていた」のだと。
「夢」が人を育てるのです！

強運ワーク

あなたにとっての❶夢がある人生のメリット❷夢がある人生のデメリット❸夢がない人生のメリット❹夢がない人生のデメリット、それぞれをリストアップしてみましょう。

23

宇宙はすべての人に「無限の豊かさ」を与えてくれている

私が小さかった頃、
クリスマスの日は兄弟喧嘩の日でもありました。

というのも、当時の我が家でケーキが食べられるのは、
誕生日とクリスマスと、
特別なお客さんが来たときくらいでした。
しかも姉弟の数は3人、両親を入れて5人。
均等に分けようとしても、大きさも微妙に違えば、
チョコやいちごの数も違う。
じゃんけんで勝つか負けるかで、天と地の差を感じました。

ケーキという「大きさが限られている」ものだと、
その奪い合いで、1人が勝てば、2人が負ける。
3姉弟に分ける母親も大変でした。

「豊かさの総量」が決まっていて（ケーキの大きさが限られていて）、
しかも年々厳しくなっていると思うと、
誰かが豊かになれば（大きなケーキを持っていかれたら）、

自分の取り分が減ってしまうと感じることでしょう。

このような「貧困意識」で社会を見ていると、
他人の成功を喜ぶことが難しくなります。
また自分が成功したとしても、
自分だけが何かズルをしたような罪悪感を覚えることが多々あります。

では、「貧困意識」をなくすにはどうしたらよいのでしょうか？
物理的に有限なものではなく、

無限を感じられるものに目を向けることです。
アイデアや想像力、協力し合うことなど
「無限の豊かさ」に目を向けましょう。

「できない」ことが「できる」ようになると、

「できない理由」だったものは**商売のネタ**になります。

「欠乏感」を満たすアイデアは、新しい市場をつくります。

「必要なものはすべて持っている」

「本当にやりたいことは必ずできる」という意識のことを
「豊かさ意識」といいます。人生の豊かさを心ゆくまで楽しみましょう。

もともと、宇宙はすべての人に有り余る豊かさを与えてくれています。
一見、不利に見えること、限界があるようなことにも、
豊かさの種が眠っています。

ぜひ「豊かさ意識」に目を向けましょう。

きっと、あなたの想像を超えたたくさんの可能性が開けていくことでしょう。

強運ワーク

人類のアイデアや夢実現によって、この10年、20年でどれだけ豊かになったでしょうか？

愛や人々の協力によって、どれほどの豊かさが与えられているでしょうか？

24

「習慣」を制する者は、人生を制す

熟練の治療家は、体を少し触っただけで
「あぁ、〇〇さん。あなたは〇年前に腰を強く打っていませんか？」と
症状や原因が瞬時にわかったりします。

ベテランのセミナー講師は、
質問者の雰囲気を見て少し話を聞くと、大体どんなことに悩んでいるのかや、
家庭や、仕事場での人間関係もクリアに見えたりします。
これらは専門外の素人からすると
「超能力者なのか？」と勘違いしそうなくらい、
すごい能力に見えますよね。

あまりに優秀な人を見ると、
「生まれながらにして特別な才能を持っているのだろう」と
思いがちです。
「彼らはきっと特別なんだ、私にはとてもできないよ」
そうあきらめてしまう気持ちもよくわかります。

しかし、よくよく話を聞いてみると、

それらの才能はもともと持っていたというより、
適した環境を選び、
楽しく没頭し、何年も何十年も創意工夫しながら取り組み続けた結果、
身につけたというケースが、大多数を占めています。

「習慣は第二の天性だ」という言葉は
このことを示しているのでしょう。

一流の人の創意工夫には学ぶことが多々あります。
どんな環境で、どんな人とつき合い、
どんなことに集中したら習慣がより身につくのか？　を
真剣に考えています。

そして一度狙いを定めたら「エイヤッ！」と飛び込み、
一気に取り組んでいます。
なぜ一気にやるのかというと、一度に集中した時間があるレベルに達すると、
それが習慣となり、あとは無意識のうちに
スキルや才能が磨かれることをよく知っているからです。

習慣は人生に絶大な影響を与えます。

逆にぼんやりとしていたら、
たまたま身につけた好ましくない習慣によって人生を支配されてしまいかねません。

あなたが自分らしい人生を生きて、
幸せに豊かになりたいなら、
どんな習慣を身につけるか？　を積極的に選んでください。

「習慣を制する者は人生を制す」のですから。

強運ワーク

どんな環境で、どんな人たちと、どんなスキルを身につけ、習慣にしたいと考えていますか？
制限をはずし、自由にイメージしてみてください。

25 どんなことでも習慣にしてしまう13の「カンコウ」テクニック

何か変化を起こそうと、

「エイッ」と一歩を敢えて踏み出す「敢行」（カンコウ）と、

それを貫いて続ける「貫行」（カンコウ）の、2つのカンコウによって

「どんな行動でも習慣（慣行・カンコウ）にしてしまう」ことができます。

そして、これら3つの「カンコウ」を実践するには

次の13のテクニックが役立ちますよ。

❶「カンタンなところ」から始める

❷できなかったら、できるところまで「基準を下げて再開する」

❸毎日・毎週・毎月の行動量を「少しずつ増やしていく」

❹志は高くてもよいが、毎日・毎週・毎月の行動の「高望みは厳禁」

❺毎日の行動を「数値化」して、記録する

❻達成率だけを意識するとメゲやすい。

努力が積み重なる「積み上げ数」としても記録する

❼行動したら、どんなに素晴らしい展開になるだろう？と

「最高のケースを想像」する

❽行動しなかったらどうなるだろう？と「最悪のケースや痛みも少し想像」する

❾ ちょっとでも進歩したり、成果が出たら自分自身で「認める・褒める・喜ぶ」

❿ 3日できたら、次は7日間、さらには21日間を目指す。「21日間続けると習慣となる」

⓫ 「予定通りできなくても落ち込まない」。三日坊主でも10回繰り返せば習慣になる

⓬ 完全にあきらめない限り、いつでも何回でも「人生には復活戦がある」

⓭ 自信が出てきたら、行動を変化させることを親しい人に「宣言・約束する」

習慣を変えるのは最初はちょっと大変ですが、

継続化する仕組み（13のテクニック）があれば、意外とカンタンに変えることもできます。

一度身につけさえすれば
それを行うのが苦もなく
自然にできる。

逆にしないと気持ちが悪い、
なんだかスッキリしない、
というようにまでなりますね。

強運
ワーク

この13のテクニックを使ってあなたが習慣化したいことは何ですか？
それらにどう取り組みますか？

26 成功の秘訣は2倍の速度で失敗すること

人間の瞬発力には個人差があるので、
誰もが100mを9秒台で走れるわけではありません。

ビジネスの成功も同じです。
誰もが若くして成功し、
巨万の富を得られるわけではありません。

しかし、**瞬発力はなくても**
誰にも「幸せな成功指定席」が必ず用意されていますので、
あなたのペースでできることからはじめていけばいいのです。

そうはいっても、現実にすごい勢いで成功していく人を見ていると
やはり、「早く成功したい！」と
感じるものですよね。

どうしたら、もっと早く成功できるか？

その問いに、世界的IT企業のIBM創業者である

トーマス・J・ワトソン・シニア氏はこう答えています。

「早く成功したいなら、
失敗を2倍の速度で経験することだ。
成功は失敗の向こう側にあるのだから」

多くの人は失敗を怖がります。もちろん私も怖いです。

しかし、どんな失敗よりもさらに怖いのは、
「まったく失敗しないこと」です。

失敗を怖れるあまり、完璧にしようと、
あーでもない、こーでもないと準備に時間をかけすぎる人がいます。

「やってみて初めてわかること」や、

「100回の考察より一度の実行のほうが学びになる」ことは多々あります。

失敗のない成功はありません。
幾度もの挑戦と失敗を繰り返して、少しずつ夢に近づいていくものです。

私も、あきらめたくなる瞬間は何度もありました。
きっと、これからも嫌というほどあるでしょう。

「成功の鍵はあきらめないこと」
「早く成功する鍵は、2倍の速度で失敗すること」

失敗の怖れを拭い去ることはカンタンではないですが、失敗の先に学びと成功と幸せが待っています。
いつの間にか**強運という最高のギフト**を手にすることができます。

強運ワーク

失敗の先に成功があるとしたら、あなたは何にトライしますか？
そのトライを書き出してみましょう。

27

「失敗」を活かし「強運思考」に変える10のヒント

挑戦には失敗がつきものです。
どんな成功者も成功体験よりも
失敗体験のほうが多いものです。

たいていの「ホームラン王」は「三振王」でもあります。
しかし、残念なことに、多くの人は、
「一時的な失敗」を「永遠の失敗」と勘違いしています。

大切なことは、
一時的な失敗を次の成功へとつなげていくこと。
失敗をいかに
人生の宝にするかということです。

ここでは失敗を活かし**「強運思考」**に変える「10のヒント」をご紹介します。

❶失敗はスタートライン「さあ、ここからが勝負！」
❷失敗は誇り「失敗は勇気の証、果敢に挑戦したことに誇りを持とう」
❸失敗は学び「うまくいかない方法が１つわかった！」
❹失敗は問い「キミは、本気で取り組むつもりなの？」
❺失敗は道しるべ「あきらめるのではなく、もう一歩の努力・工夫が必要だ」
❻失敗はチャンス「失敗を乗り越えたら、スキルアップできる。ここから伝説が始まる」
❼失敗はヒント「別の視点、もっとよい方法があるんじゃない？」
❽失敗はエール「時間はもう少しかかるかもしれない、でもあきらめるな！」
❾失敗は出合い「解決策を教えてくれる人と友だちになれるよ」
❿失敗は光「この痛みや経験が活きてくるし、次に続く人の勇気になる」

「失敗をする」ということは、
あなたが「自分の限界を超えて挑戦した証」です。
成功への第一歩を踏み出しているからこそ失敗に出合うのであって、
決して失敗者だからではありません。

また、失敗はあなたが無謀だったわけではなく、
「あなたの夢が挑戦したくなるほどそれだけ魅力的だ」ということです。

「強運思考」を支える10のヒントを胸に
勇気を持ってチャレンジしましょう。
失敗の数だけ、
あなたの夢に近づいています。

強運
ワーク

あなたの今の課題・失敗に、10のヒントを当てはめてみましょう。
どのメッセージが今のあなたに役立ちますか？

28

「あなたはどんな人だった」と、大切な人の心に刻まれたいですか？

起業して間もない頃、仕事も兼ねて年末年始の1ヵ月間を、野生のイルカが遊びに来るハワイ島の海辺で過ごしました。

当時、「ドルフィン・スイム」という野生のイルカと泳ぎ、心身を癒すことを目的としたツアーを日本人として初めて企画し、好評を博し、その一環での滞在でした。

夜は、自己探求ワークの時間。そこで「今、このまま人生を終えてしまうとしたら、自分のお墓にどんな言葉が刻まれるだろうか？一生を簡潔に表現してみよう」という実習を行いました。

そのときに浮かんできた墓碑銘《ぼひめい》は

「勉強や情報収集を人一倍したものの、勇気を出せないで、人に伝えたり、情報発信することもせず、せっかくの知識や情報を心の中だけにとどめ、無念のうちに人生を終えた男、ここに眠る」

というものでした。

さらに、もしここで何も変えないとしたら……

「このまま10年後も同じことで悔やむ可能性はないだろうか？」

という問いかけに、

「その可能性も十分にある」と答えざるを得ませんでした。

では「今、ここで試しに10年分、後悔してみよう」と
悔しさを深く感じるワークをしてみました。

類は友を呼ぶのでしょう。
スピリチュアルな分野の生き字引のような友人が、
私と同じような答えを出していたではありませんか！
お互い10年分、悔やむような感情を味わった結果、

「こんな思いは、10年後は絶対したくない！」と決意しました。

それからは情報を発信することを
積極的にするようになりました。

面白いことに、

情報発信することを前提に学ぼうとすると、理解が進み、記憶に残り、アイデアもわきました。

そして、情報発信がとても楽しくなりました。


その後どうなったか……？

友人も私も一念発起しました。

示し合わせたわけでもないですが、共にその出来事から2年後にデビュー作を出版し、ベストセラーとなりました。

お互いそれぞれのジャンルでパイオニアとなり、そのジャンルを代表するような著作を発行することができたのです。

もちろん、セミナーや講演も活発に行うようになりました。

強力なワークですよ。墓碑銘を書くことで、今日一日を大切に生きようと思うようになります。

アップル創業者、スティーブ・ジョブズ氏が30年間毎日、鏡に向かって問い続けた言葉があります。それは……

「もし今日が人生最後の日だとしたら私は今日やろうとしたことを本当にやりたいだろうか？」

あなたもこの問いを自分自身に投げかけてみませんか？

強運ワーク

もし今、墓碑銘が書かれるとしたらどんな内容でしょうか？

あなたがこれから望むような人生を生きるとしたら、どんな墓碑銘に変わるでしょうか？

29

「行動」×「口ぐせ」×「イメージ」で、3倍速く、夢実現ができる！

夢実現や目標達成を唱える成功者は
どこに重点を置くかで大きく3つに分類できます。

☆1つ目は、行動派

「悩んでないでまず行動！」「迷ったらやる！」「量は質を生む」など、基本的ですが、とにかく行動を起こすことは、夢実現にはとても大切です。

☆2つ目は、口ぐせ派

「ツイてるツイてる、と毎日いおう」

「ありがとう、ありがとう、と唱えよう」「私にはできる」など、**口ぐせが変われば人生が変わる**というのは、まさに本当です。

☆3つ目は、イメージ派

「理想の姿を想像してください」「もし今、何でも可能だとしたら、どんな決断をしますか？」など夢が実現したところをイメージし、感情を味わうというのも強力なテクニックです。

時折、
「イメージしたら夢が叶うだなんて、
甘いことといってないでさっさと行動しろ！」
と言う人もいます。

しかし、この3つはどれも波動を高める

「引き寄せの法則」と呼ばれる夢実現ノウハウ

の一部で、対立するものではありません。

トーマス・エジソン氏が電球を発明するのに1万回挑戦したエピソードを思い返してみてください。
彼は、「どうして失敗ばかりするのだろう？」と悩んではいません。
「必ず成功する」と
口ぐせのように語ってイメージもしていたことでしょう。

実際にエジソン氏は
「私は一度も失敗していない。
うまくいかない方法を1万通り発見しただけだ」
と語っています。
そうやって1万回の実験を進めて「行動」したのです。
電球ができたらどんなに素晴らしい世の中になるだろう！
とイメージして、何ページにもわたって
そのビジョンを書き記していたというエピソードも有名です。
「強運」を引き寄せてあたりまえです。

「行動」も「口ぐせ」も「イメージ」も
すべてをあなたの夢の実現のために役立ててください。
そうすれば相乗効果で3倍どころか
それ以上にも何倍も加速して「強運」と「夢実現」が引き寄せられますよ。

強運
ワーク

あなたは「幸せと夢実現」のために、「行動」は何を変えますか？
「口ぐせ」は何を変えますか？　「イメージ」はどう変えますか？

30

【夢実現方程式】行動力×夢実現IQ×夢実現EQ×目標力

私たちは
「お金がないからできない」

「時間がないから難しい」

「才能がないから無理だ」などとできない理由を挙げます。

これでは「不運」を引き寄せます。

できない理由は人それぞれ山のように出てきますが、
4つに大別できます。それは

❶**今はできない**
❷**この方法ではできない**
❸**1人ではできない**
❹**優先順位が低いからできない**

しかし、原因がわかれば、
解決策と磨く必要のあるスキルも見えてきます。

❶**今はできない⇓夢を持ち、行動し続ければできる（行動力）**
❷**この方法ではできない⇓方法を変えて、工夫すればできる（夢実現ＩＱ）**
❸**1人ではできない⇓協力してもらい、応援し合えばできる（夢実現ＥＱ）**

❹**優先順位が低いからできない⇒最優先にすればできる（目標力）**

それでは、解決策の鍵を握る「4つのスキル」とは具体的にどんな内容でしょうか。

❶**行動力**

行動の量×質×勢い、継続力、習慣、改善力、緊急性と重要性のバランス

❷**夢実現IQ**

能力、技術、ノウハウ、情報力、マーケティング、ブランディング

❸**夢実現EQ**

心の力と人間力、人脈活用、考え方、情熱、自信、セルフイメージ、強運

❹**目標力**

明確でワクワクする夢や目標、具体的な計画、人生の目的・ミッションを知る

夢実現力とは、
日々夢に挑戦する中でこの4つ、
「行動力」×「夢実現IQ」×「夢実現EQ」×「目標力」をバランスよく磨いていくことにあります。

また は

強みを一層磨き、弱い部分はそのスキルを持っている人に協力してもらうことで

夢実現力を一気に高めることができます。

強運ワーク

目標や夢を実現するために、どのスキルを磨く必要がありますか？
スキルを持っている人に協力してもらうには、どうしたらいいでしょうか？

31

「信実」（信じたこと）が「真実」となる

「信じること」が現実を創り出すことを説く成功者は、
数え切れないほどいます。
また人間の信じる力の強さを物語るエピソードも多々あります。

代表的な事例としては「プラセボ効果」が有名です。

本当は効果がないクスリを
「これは〇〇の効果がある」と患者に伝えて飲んでもらいます。
すると、クスリとしては何の効果もないのに、
数多くの人に症状などの改善が認められる、
という実際の話です。

現在、新薬の開発でも、投与するものが、
「効果があるクスリ」なのか、
「何の効果もない単なる錠剤」なのか、
「投与される対象の患者」と「投与する医師」にも、
隠してテストをしているそうです。
これを二重盲検法（ダブル・ブラインド・テスト）と呼びます。

医師にも隠すのは、医師の表情などから、
患者に伝わる可能性があるからです。
このように**「人間の意識の力」**については
科学の世界でも、無視できないものとして真剣に議論されているほどです。

「そんなことは無理に決まっている！」という一言で
「やはり無理かな？」と信じた結果、
その通りの真実を体験するということもあります。

一方で、成功者に

**「君ならできるよ」とアドバイスされ、
その気になって挑戦したら、
一気に課題がクリアできた！**

ということも多々あります。

どちらも「信じたこと」が「真実」となっています。「信じる力」はポジティブにも、ネガティブにも大きな力を持ちます。

自分が「強運」なのか、そうでないのかも大きく影響を与えます。
ですから、**どんな現実を見たいのかを選び、**
その「信実」を「真実」にするための質問を、自分自身に投げかけるようにしましょう。

「どうしたらできるだろう?」

「どうなったら楽しいだろう?」

「どうしたらカンタンになるだろう?」

自分への質問を**「ありたい姿」**に変えると、人生が大きく変化していきますよ。

強運ワーク

毎日、毎日、「ありたい姿」に向けて質問をしましょう。

どんな質問をすると人生がよくなるでしょうか?　書き出してみましょう。

32

誰でも、「本気」になって、「本腰」を入れれば、「本物」になれる

夢が、いつまでも夢のままで終わっているのはなぜでしょうか？

一言でいうとそれは

「本気になっていないから」

だと思います。

「本気」であれば当然しているはずのことを、
行動していないケースが多々あります。

そういう私も、最初独立したときに「本気」でなかったばかりに大失敗

しました。

今思うと、本気で経営者として会社を運営していく覚悟が
まったく足りませんでした。

★営業や告知の協力をお願いするために、「頭を下げる、ということができない」
★人手がほしいとき、「助けて！　協力して！　と声を掛ける勇気がない」

★どうやったら会社経営がうまくいくか「アドバイスを聞きに行けない」
★お客様の提案に「耳を傾けない」「耳を傾けても、改善しない」

これでは大失敗して当然です。

「夢に対する本気度」よりも、
「目先のプライド」のほうが大切だったのですから。

しかし、再独立のときは明らかに本気度が違いました。

「小冊子をつくってみるといいよ」と聞くと、
ほんの10日程度でつくり上げました。
リストラされた元の会社に、
「私のセミナーを企画してほしい」とお願いしにも行きました。
雑誌や会報誌に「無償でもいいので記事を書かせてください！」と頭を下げました。

すすんでできる限りのことをやりました。
すると当時描いていた夢は、
その後2年でなんとすべて叶ってしまいました。

追い込まれれば誰でも本気になります。
でも追い込まれるまで待つのはおすすめできません。

今が与えられた最大のチャンスだと思って挑戦しましょう。

「本気になり、本腰を入れて取り組むと、
本質がつかめ、やがて本物になる」

という言葉があります。

人はエネルギー行動によって高まるのです。

本気の気持ちと行動がお互い影響を与えながら、
徐々に本物になっていくのです。

あなたは夢に本気で取り組んでいますか？
本気ならば道は開けます。
幸運の女神もあなたに
微笑むこと間違いありません。

強運
ワーク

本気になったらすることをリストアップしてみましょう。
あなたは、まず何に取り組みますか？

33

1日15分。夢を叶える時間の「天引き貯金」

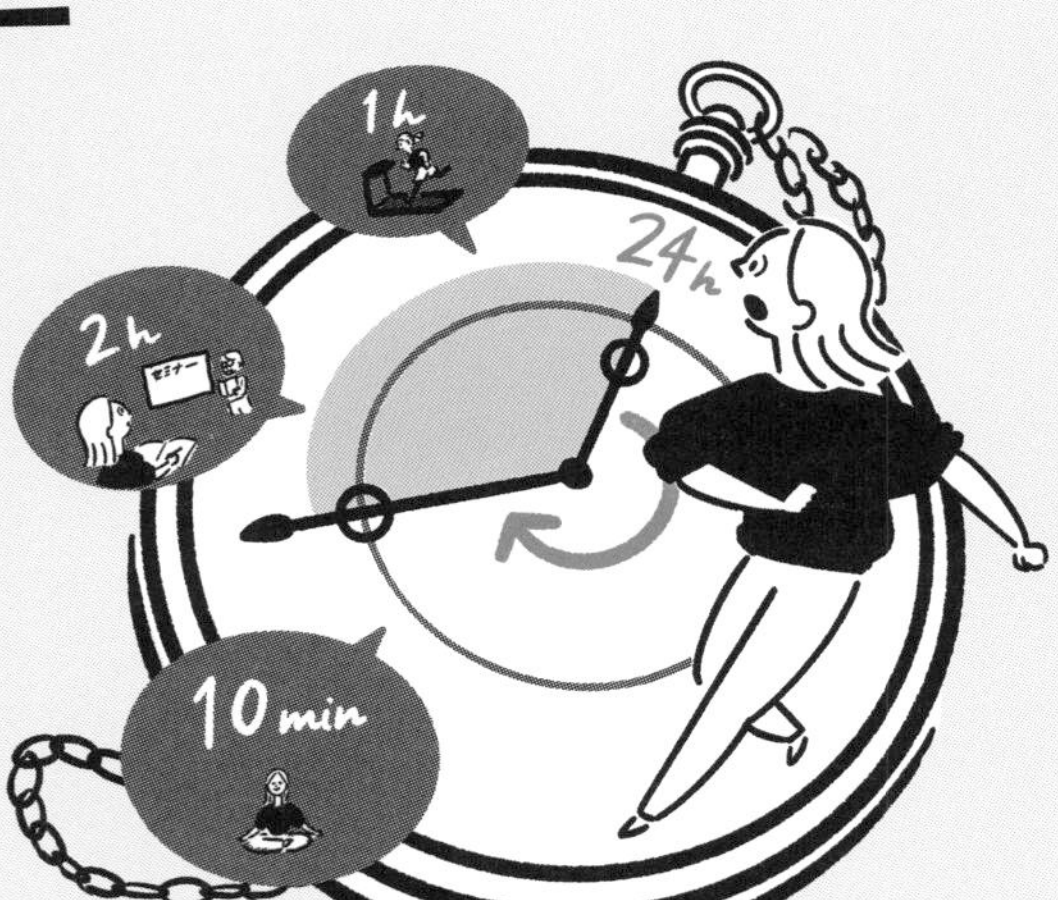

私は赤面恐怖症でした。
人前に出るとしどろもどろで、
顔は真っ赤、頭は真っ白。
「勇気を与えるような講演家になりたい！」
と願いながらも、
うまくいきそうな予感はまったくなく、
それどころか何をやっても失敗しそうな気がしていました。

そんな中、私は毎日
「1日15分のスピーチ練習」をしていました。
鏡に向かって、
決めたテーマについて、たった1人で話していたのです。

今もまだ、発展途上ではありますが、
私の講演会などで
「参加してとてもよかった！」
という声を多数いただけるようになりました。

ここに至るまでの、私の夢への第一歩は、
「1日15分程度、スピーチ練習を始めたこと」にありました。

ベルリン音楽院を卒業したピアニストの中で超一流になった人と、
そうでない人の違いを追跡調査すると、
超一流になった人は
「1万時間の練習」をしていた。
そうでない人は
「5000時間程度の練習」で終わっていたという調査があるそうです。

これは

どんな夢も
「他人の2倍の時間」をかけて取り組めば
必ず夢を叶えることができると

教えてくれています。

夢を叶えるためにまずは今までの2倍の実践を始めましょう。

「時間がない！」
そんなあなたには

「時間の天引き貯金」

をおすすめします。

例えば、
毎週水曜日夜8～11時は「ライフワーク研究」などと
スケジュールを入れてしまうのです。
まるで定期的に講座にでも参加するかのように、
自分とのアポイントをあらかじめ決めて
手帳に書き込みます。

あなたの
夢やライフワークに取り組む時間、
あなたの本質を一層輝かせるための時間は、

「どんな仕事よりも大切な時間」

なのです。

まずは、1日1440分のうちのほんの約1％、
15分からできることを始めてみませんか？

強運ワーク

あなたの夢のために、何を1日15分続けますか？
今すぐあなた自身と夢のアポイントをとりましょう。

34

限界は、心の中にしか存在しない

2000年に米国ライフ誌は
「この1000年（西暦1001年〜2000年）で最も功績があった人物100人」を
発表しました。
その91位・南アフリカ共和国8代大統領のネルソン・マンデラ氏と、
93位・ロシアの小説家トルストイ氏の間に、
陸上選手としてただ1人、ロジャー・バニスター選手が入っています。
たしかに、彼は世界記録を打ち立てました。
しかし、それは不滅の記録ではありませんでした。
それどころか、その後わずか1年で23人もの選手にその記録は
アッサリ塗り替えられているのです。そんな選手がなぜランクインしたのでしょう？

その理由は、バニスター選手が「記録の壁」以上に、
「心の壁」を破ったからなのです。

バニスター選手が塗り替えた記録は、
実はそれ以前の31年間、誰にも破られなかった記録です。
そんな記録をバニスター選手が破ったことで、

その後、同じ年に一気に23人もの選手が記録の壁を破る突破口になったのです。

そして、当時31年間も破られなかった記録を塗り替えると共に、「１マイル（約１６０９ｍ）・４分を切ることは医学的に考えられない」とされた、**心の壁**を破ったのです。

その「心の壁」が破られたことで、多くの選手が可能性に目覚め、次々とバニスター選手の記録を破ることにつながったのです。

同様に１００ｍを９秒台で走ることは、人類には不可能だといわれた時代がありました。

しかし今では何人もの選手が９秒台を記録しています。

「心の限界」が突破されると、アッサリ記録が更新されます。

スポーツの世界記録は、ほとんどの分野で次々と塗り替えられていきます。

心の限界を超える心理的なテクニックはたくさんありますが、
最も確実で有効なのは、
既に限界を突破した人から教えを受けることです。
直接教えを受けることが理想ですが、
本を読み、講演会に参加し、ＹｏｕＴｕｂｅなどを実際に見聞きし、
何度も何度もイメージするだけでも、十分な学びになります。

「限界を突破した」人たちの考えや
感性を何度もインプットすると、
自然とあなたの「心の限界」が突破され
「強運」にもなっていくからです。
そして、こうしたことの繰り返しが
実はあなたが次の世代に受け継いでいく

貴重な財産になるのです。

するとと気がつけば、私たちは誰かのメンターになっていたりするのです。

記録をアッサリ塗り変えよう！

強運ワーク

あなたの「心の限界」を突破している有名人、成功者、先輩は誰ですか？
本や動画音声を集めて何度もインプットしてみましょう。

35

人生はオセロゲーム。すべてはうまくいっている

「人生はオセロゲームのようなものだ」

と、私が敬愛するアドラー心理学の権威、岩井俊憲先生から、
30代の頃に教えていただきました。

人生には
「まいったなー」
「ツイてないな〜」
「大変だ〜」「辛いな〜」
「なんでこんなことが……」と思う黒丸（●）のようなことも
ときには、ありますよね。

でも、
今が幸せ（白丸○）だと、
その黒丸（●）も、
「今となっては懐かしい思い出、いい経験だった」
「苦しい時期を通り越したからこそ、今の幸せのありがたさがわかる」
「人の痛みも理解できるようになった」

などと思えるようになった、ということがあるでしょう？

私も
「突然リストラされた」、
「全身アトピーで、夜も眠れなかった」、
「8年間コツコツためた全貯金が、一瞬にして……」
なんてこともありました。だからこそ、
仕事があること、
健康なこと、
お金の大切さ、
人生のありがたさが、より一層深く味わえているのだと思います。

ところで

つまり、

私たちはこの素晴らしい世界に祝福されて生まれてきました。

人生の始まりがオセロゲームの白丸（○）で
スタートしています。
そして
今、現在が白丸（○）だと、途中にあった、
黒丸や平凡なこと（●●○▼×◇○●）なども
白丸でサンドイッチされますね。

するとどうでしょう。
○……●●○▼×◇○●……○　↓　○……○○○○○○○○……○

パタパタパタと、
過去の黒丸（●）がすべて白丸（○）に、変わっていくように感じませんか？
そうです。オセロゲームのように、

「人生はどんなに辛いこと●」も、「幸せのもと○」に、「不運なこと●」も「強運＝○」に

つまり、辛いことが多ければ多いほど、変えることができるのです。

それを幸せの多さに変えることができるのです。今を○にすることさえできれば、人はいつでも人生をハッピーにすることができるのです。

強運ワーク

人生上の「大変なこと・不運＝●」も乗り越えたら「幸せのもと・強運＝○」になります。あなたは今どんなことを白丸（○）で塗り替えようとしているのでしょうか？

36

人生は「神芝居」、難題はこの世界をより楽しむためにある

「どうしてこんな目に⁉」と感じたり
「もうどうにもならない！」ともがいたり……。
どんな人の人生にも、
こうした制限や障害はあり、不運に思うこともあるでしょう。
しかし、私たちはそんなハンディやトラブルをわざわざ用意して、
自ら承知でこの世に飛び込んできたようです。

このことを、私の瞑想の師匠でもあった山田孝男先生は、

「人生は神芝居」と

おっしゃいました（「紙芝居」ではありません）。
「なぜわざわざ大変な人生を選んできたの⁉」と思いますか？

では、ちょっと考えてみましょう。

「何でも簡単に思い通りになる人生」って、とっても退屈だと思いませんか？

ゲームも簡単にクリアできるものだと、
すぐに飽きてしまうものですよね。その点、
人生をゲームだとすると、
とても複雑で、
実にリアリティがある！
こんなに熱中できるものは、
他にそうそうないと思います。

わざわざ「制限」というルールを設け、
しかもハンディを適度に背負い、
さまざまなトラブルを乗り越える。
そのほうがゲームとしては面白い。
しかも学びになり、

精神的な成長も加速するということで
今の「難題の多い人生」をあえて選んできているのかもしれません。

もっとも、熱中しすぎるあまりに、
この世のゲームを楽しみにきたことを、
すっかり忘れてしまうことも多々あるようですが……。

もともと人生とは、
自分が「神様の分身」として、
いかに人生を自由に創り出すのか、を
楽しむために始めたこと

なのかもしれません。

「どんな難題も、すべては自分の偉大さを思い出すための道具だ」
と思います。

壁を越えたところにある世界の美しさをより楽しむために、
「すべての難題・課題を用意してきている」ともいえるでしょう。

「人生は神芝居」だとするなら、あなたはどのように楽しみますか？

あなたも、より一層、
「自分の中にある偉大な可能性」に挑戦してみませんか？

強運ワーク

目の前の難題・課題を自分が用意したとして、それを乗り越えたら、
あなたはどんなことを感じるでしょうか？
そのとき感じるあなたの偉大さが、「あなたの可能性のヒント」になります。

37

挑戦しない限り答えは「常にNO」

「どうして紀伊國屋書店や三省堂書店じゃないんだろう？」
日本一の経営コンサルタントといわれた船井幸雄先生のイベントで、
無名の本屋さんが公式書店として大きなブースを出していました。
聞いてみると、当時最寄りの地下鉄の駅からは徒歩８分で、
売り場面積はわずか42坪。
大型書店の10分の１程度でしかない本屋さんだというではありませんか！
その本屋さんとは、
今でこそ著名な「読書のすすめ」の清水克衛さん
（ＮＰＯ法人「読書普及協会」初代理事長／著者としても活躍）が
経営する書店だったのです。

当時、清水さんはご自分の勉強のために
船井先生のイベントに参加していました。
しかし、何度も顔を出すにつれ、当時の書籍コーナーの品ぞろえを見ては、
「自分だったらこうするのに」とアイデアを練っていたそうです。

そして

「ぜひ、一度
私に販売を担当させてください。
結果を見て続けるかどうかを考えてほしい」と、
思い切ってトライしました。
こうして得たワン・チャンスで、

清水さんは素晴らしい実績を上げ、
以後ずっと船井先生のイベントで
公式書店を担当するようになったのです。

当時ご近所さんしか知らないような小さな本屋さんが、
数千人、数万人と訪れる船井先生のイベントに手を挙げるのは
大変な勇気が必要だったでしょう。
資金確保、人員確保から、品ぞろえや大量に在庫を抱え込むリスクまで……
カンタンなことではありません。

しかし、

その勇気ある挑戦がなければ、
今も小さな無名の本屋さんのままだったかもしれません。
ましてや「読書普及協会」初代理事長として
読書を通じて日本を元気にするNPO法人をつくるなど、
夢のまた夢だったことでしょう。

「挑戦して失敗するかもしれない」と感じると、
とても怖くなります。
目の前の人を説得しなければ！　と思うと、
足がすくみそうになることも。

しかし、確率的にいうと、
信頼を築き、挑戦し続ければ、
提案やお願い事に応えてくれる人は必ずいるものです。

大切なことは、あなたを必要としてくれる人に出会えるまで「挑戦し続ける」こと。「挑戦しない限り答えは常にNO」

なのですから。

強運ワーク

挑戦しない限り、いつも答えはNO。頼まない限り、いつも答えはNO。
では、あなたは何に挑戦しますか？　あなたは、誰に、何を頼みますか？

38
あなたも仲間もハッピーになる魔法の言葉「神様ナイス」

あなたも仲間もハッピーになる素晴らしい言葉を、
おもてなしの達人・岡保和秀さんに教わりました。
そんな魔法のような言葉、

「神様ナイス」

をご紹介しましょう。

スイナまさみか

感動するね!!
見事だね!!
さすがだね!!
真似したいね!!
なるほどね!!
いいね!!
素晴らしいね!!

「神様ナイス」を毎日の生活で連発し、
人のいいところ、魅力的なところを見つけ、
一層引き出していきましょう。

「神様ナイス」はまずあなたの役に立ちます。

こうした言葉は相手に与えているようで、
実はそのプラスのエネルギーを真っ先に受け取るのは、
他でもない自分自身です。

そして友人の役に立ちます。
その友人がまた「神様ナイス」を実践すると、
友人の役に立ち、あなたの役にも立ちます。

人は似たもの同士が集うようにできていますから、
「神様ナイス」を実践していれば、
やがてあなたのまわりには、
お互いを応援し合う仲間が集まってくることでしょう。
そうなれば、あなたの夢実現が
加速することはいうまでもありません。

今、どんな環境にいるかは大事なことではありません。まずあなたから「神様ナイス」を実践しましょう。

するとプラスのサイクルが始まります。
仲間を応援する気持ちと行動が、
自然とあなたを**より幸せなグループ**へと導いてくれることでしょう。

強運ワーク

「神様ナイス」を今日会う人、
そして明日会う人にも、まず実践しましょう。

39

あと「一」だけで幸せになれる

私は長男が生まれた3ヵ月後、多額の借金を抱えたまま36歳のときリストラされました。
しかも、単なるリストラではありません。
一度独立したものの事業に失敗、
その後に拾ってくれた会社から突然リストラされたのです。

そのときの私はまさしく「辛」い状態でした。

さすがに夢をあきらめようと思いました。
「自分が感動したことを、多くの人に伝えるため、
一人一人に無限の可能性があることを伝える講演家や著者になる」という夢を。
「もう夢だけ見ている年齢ではない」と確信するほど辛い状態でした。
そのとき、私のメンターの一言が私に活《かつ》を入れてくれました。

「トシは生まれてきたばかりの息子にどんな背中を見せるんだい？
『君（長男）が生まれたし、

借金もあったから夢なんてあきらめるしかなかったのだ』と語るのかい？
それとも『限界まで何回も何回も挑戦し続けたよ』と語るのかい？
私には大活躍しているトシの姿が見えているよ」

その言葉に勇気をもらい、
限界まで挑戦しようともう一度独立しました。そして、
私はライフワークである、世界一ポピュラーな癒しの手法「レイキ」に出合い、
生涯の友に出会い、あらゆる面で豊かさを受け取りました。

幸せ　という
花があるとすれば
その花の
蕾のようなものだろうか
辛い　という字がある
もう少しで
幸せ　に
なれそうな字である

※『速さのちがう時計』（偕成社）より引用

これは、首から下が麻痺してしまったにもかかわらず、
大変な努力の末、口に筆をくわえ、
ステキな詩画を描くようになった
星野富弘さんの詩です。

この詩にあるように、

「辛（い）」に横棒の
「一」を足せば「幸（せ）」になります。

あのとき、
私にとって、「辛」を「幸」に変えた

「一」は、再独立するための勇気でした。

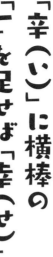

今、人生がとても辛い状態だったとしても、
何か「一」加わるだけで、「幸せ」になることは多々あります。
今がどんなに辛くても、
「一歩」でいいですから踏み出してみてください。

あとたった一歩ですぐ目の前に
「幸せ」が現れるのかもしれません。

強運ワーク

あなたの「辛」に何を「一」つ足せば、「幸」になると思いますか？
「幸」にするためにまずは、たった一歩だけ踏み出してみてください。

40
すべての出来事は必然であり、ベストである

「ライフワークとの出合いには、4つのトラブルがある」。

親友であり、
世界的な大ベストセラー作家の本田健さんは、「ライフワークとの出合い」に関して、
❶お金のトラブル
❷人間関係のトラブル
❸仕事のトラブル
❹健康のトラブル
といった、

人生の大きなトラブルこそが、人生の転機になる場合が多い

と語っています。

ライフワークとは、
「人生をかけて取り組む情熱のある仕事やテーマ」といえますが、

そんな天職（ライフワーク）にめぐり合えるなら
どんなトラブルも、
ベストな出来事といえるでしょう。

「世の中で起こることに偶然はない。
現実に起きることはすべて必然で、
大いなる宇宙の意志のもとに起こっている。
それもベストのことが起こっている」
そんなふうに私は思います。

しかし、現実的によいことが起こっているときは、
「運命だ！」
「素晴らしいシンクロニシティだ！」と感じやすいものですが、
辛いとき、悲しいときには
責任転嫁したり、運の悪さを嘆いたりしてしまい、
「これがベストだ……」とは、
なかなか受け入れがたいものですよね。

ただ、後から振り返ると

「すべてのことは必然であり、ベストである」

「見不運に思えることが、強運の始まり」と、

私自身、本当に思います。

借金を抱えて貧乏をしたおかげで、お客様のありがたさや
お金の大切さを学びました。
病気やアトピーになったことで、
健康を大切にするようになったり、
レイキ（世界一ポピュラーな癒しの手法）というライフワークと出合いました。
数々の挫折を繰り返すことで人生の醍醐味を味わい、
人の痛みも少しは理解できるようになりました。

いいこともそうでないことも、
「偶然」とすませてしまうと、

学びや感謝が少なくなり、「より深い幸せを感じる人生」から遠ざかってしまいます。

「すべての出来事は必然でベストだ」と感じる心は、今を積極的に打開するパワーを与えてくれ、あなたに幸せをもたらしてくれるのです。

強運ワーク

「今抱えている悩みさえ、神様が与えてくれたベストなチャンスだとしたら……」と考えると、どんな言葉、イメージ、アイデアが広がりますか？

41

叶う夢だから心に宿る

「噂をすれば影」ということわざがあります。
ある人の噂をしていると、
不思議とそこへ当人が現れるものだ、という意味です。
でも実は
「その影が接近してきたのを予感したために、噂をしたんだ」と
解説する人もいます。

全部が全部とはいいませんが、
そういう傾向も大いにあると思います。
特に「夢・目標」に関しては、ほとんどがそうだと思います。

やりたくないことは真剣に「夢」として願わないものです。
ふと脳裏をよぎって、
すぐ忘れてしまうようなものであればどうかはわかりません。
しかし、**どれほどあきらめようと**しても忘れられない**「夢」**、
ずっと気になっている「夢」があり、
全力で取り組みさえすれば！
あなたに叶えられない夢はないと私は思います。

そしてあなたに叶う夢だからこそ
あなたの心に宿ったのです。

もし100%の形で叶わなかったとしても、
その周辺にはあなたのハッピーの種が
必ずあります。

ですから
「好きなことの周辺をうろつく」ことには

大きな幸せの手がかりが

あるのです。

強運ワーク

叶う夢だから 心に宿る。

あなたの心のドアをノックする夢がある
何回も、繰り返し、繰り返し、
夢があなたに、忘れてほしくないから……
夢を実現できる人に
喜んでくれる人に
多くの人と幸せを分かち合ってくれる人に
夢を届けたいと思っているから

あなたがずっと大切にしてきた夢は何ですか？
「叶う夢だからこそ、あなたの心に宿った」のだとしたら、
あなたはその夢に挑戦しますか？

42
信じる勇気を持つには質問の焦点を絞ろう

「『夢が叶うよ』といわれても、とても信じられない！」

という方がいます。

気持ちはよくわかりますが、

「信じられるか？　信じられないか？」

という質問は効果的ではありません。

というのも、「信じられない」というとき、
心の中では
「信じたいけど、信じる勇気がない」といっているからなのです。

「信じる」とは、

「できるかどうか」ではなく、

「信じる勇気を持つかどうか」という心の問題なのです。

「信じる強い心を持つ」ことができる方は、
ぜひそうしてください。

それでも、「信じられない！」と感じるときには、
次のようなテクニックを役立ててみてください。

それは、

「焦点を絞った具体的な質問をする」

というテクニックです。

「夢が叶うかどうか？」といった漠然とした質問から、

夢を叶えるにはまず何をするとよいか？
⇓
その夢を叶えている人は他に誰がいるか？
⇓
その人の教えを学ぶにはどうしたらよいか？
⇓
その人の本はどこに売っているだろうか？
⇓
その本はいつ買いに行こうか？

このように、より具体的に焦点を絞った質問に変えていくと、
信じられる心を持つことができます。

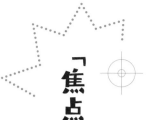

「夢が叶うかどうか」は信じられなくても、
「夢を叶えた人が書いた本を手に入れること」はできるでしょう。

どんなに小さな成果だったとしても、
自分の質問を信じ、行動し、
結果として現実がついてくるという体験は、
あなたの「信じる力」を鍛えてくれます。

焦点を絞った質問をしていって、
今、できることから行動してください。

それらの成功体験のひとつひとつは、
より大きな成功を引き寄せてくれるようになりますよ。

強運ワーク

夢に向かって今すぐできることは何でしょうか？
「今すぐできること」まで質問を小さくしてみてください。

43

夢さえあれば心が変わり、運命が変わり、すべてが変わる

私が初めて就職した自動車会社の
セールス研修でこんな言葉に出合いました。

「人生七変化（へんげ）」
心が変われば、態度が変わる。
態度が変われば、行動が変わる。
行動が変われば、習慣が変わる。
習慣が変われば、人格が変わる。
人格が変われば、運命が変わる。
運命が変われば、人生が変わる。

元大リーガーの松井秀喜さんも高校時代の恩師、
山下智茂元監督からほぼ同じ言葉を伝えられ、
心に残り、影響を受けているそうです。

さて、私はこの言葉に出合いながら、
なかなかすぐには運命を好転させることはできませんでした。
確かに、「心が変われば」、

態度・行動……とあとは自然に流れに乗り、変わります。

しかし私の場合、
心を変え、その状態をしばらく保ち続けることができなかったのです。

そこで心を変えるために、いろいろなことを試し、
心を変える一番簡単な方法は

「夢を持つこと」だという

確信に至ったのです。

そこで現在は、次のような

「夢実現のサイクル」を提唱しています。

❶ 夢を持てば、心が変わる
❷ 心が変わり、具体的な一歩が明確になれば、行動が変わる

❸行動が変わり、成果が確認できれば、習慣が変わる
❹習慣が変われば、環境が変わり、運命が変わり、夢が叶う
❺運命が変わり、夢が叶えば、次のグレードアップした夢が生まれる！

夢さえあれば、心が変わり、
運命が変わり、すべてが変わるのです！

そして、夢があなたを
幸せに導いてくれます。

あなたがワクワクする夢を
ぜひ描きましょう。

強運ワーク

あなたの夢は何ですか？　あなたがやりたいことをリストアップし、それがどんなふうになったら一層ワクワクするか、想像力を広げてみましょう。

44

今、自分を変えると未来が変わる

人生で変えられないものが2つある。
過去と他人である。
そして変えられるものも2つある。
未来と自分である。

といわれます。

幸せな毎日を送るためには、

変えられるものにエネルギーと時間を注ぎ、
変えられないものは、
受け入れる賢明さが重要になります。

ところが、変えられるものと、変えられないものとの認識もなく、
無駄に貴重な時間とエネルギーを浪費し、
かえって苦しみを増幅させてしまうこともあります。

例えば、
天気が悪かったり、
暑すぎたり、寒すぎたりするとイライラしたり、
やる気をなくしたり。
他人の言動や性格、嗜好を変えようと、
躍起になっても、変えることができず、
怒ったり、自分の無力感を感じたり……。

私も、過去の事件や決断・行動を悔やんだことはあります。
「もう一度やり直せることならば」と
何回も繰り返し頭の中で妄想を思い描いては、
変えられないものに時間やエネルギーを浪費してきました。

ただリストラされたとき、
「もう過去を悔やんでも仕方がない、
今から自分を変えていこう」と決めざるを得ませんでした。
すると少しずつですが、
未来が変わってくると共に過去の捉え方まで変わってきました。

悔やんでいた過去が、
よい経験だと思えるようになったのです。
そしてまわりの人たちの見え方が変わってきました。
今まで批判されるのがいやで遠ざけていた人たちが、
実は貴重な提案をしてくださっていた、
ありがたい人たちだったということにも気づきました。

今、自分を変えると未来が変わります。

その結果、
過去や他人の見方まで変えることも実は可能なのです。

強運ワーク

変えられないにもかかわらず、時間とエネルギーを注ぎ込んできたことはありませんか？
その時間とエネルギーを「自分」と「未来」を変えることに注ぎましょう。

45

「本当の夢」を発見する5つのマジカル・クエスチョン

「大好きなことをしろといっても、
その大好きなことが何かわからない」という方に多く出会います。
また、「私には〇〇という夢があります！」といいながら、
現実の行動がまったく伴っていない方もいます。

夢がわからない。夢があるけど行動がズレている。
そんな夢の誤解を解く

「5つのマジカル・クエスチョン」があります。

少し時間をとって次の5つの質問の答えを
イメージしてください。

❶ 3日間の自由な時間と十分なお金があったら、あなたは何をしますか？
❷ 1ヵ月の自由な時間と十分なお金があったら、あなたは何をしますか？
❸ 1年の自由な時間と十分なお金があったら、あなたは何をしますか？
❹ 5年の自由な時間と十分なお金があったら、あなたは何をしますか？
❺ 20年の自由な時間と十分なお金があったら、あなたは何をしますか？

3日間だったら、旅行に出ますか？
ぼーっとしますか？
グルメ三昧でしょうか？
1ヵ月だったら、世界旅行？
それともセミナー三昧？（私のことですね、笑）。

5年、20年かけて取り組みたいことがあるとしたら、
それがあなたのライフワークを
教えてくれているかもしれませんね。

❶〜❺の答えに一貫性があれば、
あなたの人生はよほど素晴らしいか、
想像力が乏しいかのいずれかでしょう。

答えがバラバラだとしたら、
人生に多くのストレスがあるかもしれません。
感謝の念がわくことも、
ずっとやりたいと思っていたのに言い訳を繰り返していたことを

思い出すこともあるでしょう。
いずれにせよ、

この質問の答えはあなたの人生の方向性

を気づかせてくれます。

最後に究極の質問。

Q 100年の自由な時間と十分なお金があったら、あなたは何をしますか？

それが生まれる前に神様と約束してきたことです。
魂の約束を思い出し、一歩を踏み出してみませんか？

強運ワーク

実際に、5つの質問に取り組んでみてください。
そこからどんな人生の課題が読み取れますか？

46

「志なき者」は、「志ある者」に従う

多くの人がまるで
「ピンボールゲームの球」のような人生を送っています。
ポンと出たかと思うと、目的も方向もなく、
ただあちらへ飛んではぶつかり、
こちらにいってはぶつかり、
慌しく動き回り疲れ果てて家に帰る。

この繰り返しが、人生になっている人が
多いのではないでしょうか。

それもそのはず、

この社会は「志なき者が、志ある者に従う」ようにできているからです。

テレビ、街角、新聞、雑誌など日常のさまざまなシーンで、
「旅行に行きましょう」
「車を買ってください」
「保険に入りましょう」……。
数限りない日常のメッセージが、
あなたの脳に「○○を買ってください」「○○しよう」と
語りかけてきているはずです。

しっかりした「夢」や「目標」がなければ、
湯水のようにお金や時間を使ってしまう仕掛けが山のようにあふれています。

これは時間やチャンス、
人間関係でも同じことがいえますね。

明確な目的があったうえで、喜んで小さなことでも引き受ける姿勢は、

次のチャンスを生み出します。

しかし、いつもやっているからと
惰性で引き受ける雑用は、
あなたの才能を眠らせたままにしてしまうことでしょう。

本当にやりたいことをする前に疲れ果ててしまいます。

これでは、

「出会いを大切にする人」との時間は、
素晴らしい思い出や成果を生んでくれるでしょう。
しかし、「義理」や「なんとなく」ばかりでスケジュールを組んでしまうと、
人生が「単なるあいさつ」と「たわいない雑談」で埋め尽くされてしまいます。

その結果、最も大切な人との時間さえ犠牲にしてしまいかねません。

明確な夢、目標、志、意図を持ちましょう。

そのエネルギーはあなたの夢実現を応援し、あなたの大切なものを守ってくれますよ。

そして運命は好転します！

強運ワーク

あなたの「お金」「時間」「人づき合い」は、どう意識するとあなたの夢実現や幸せに貢献するでしょうか？

47

夢が持てないのは能力が足りないせいではない

「私には夢がないんです……」と
相談にこられる方がいます。

夢がないのは、
「想像力がないから」とか、「才能がないから」と、
自分を責めているのです。

しかし、

夢が持てないのは、
能力が足りないせいではありません。

たまたま夢に触れるきっかけがなかったために
「夢を持つ」ための情報が不足していたのです。
そして、環境がなかったため、
夢を生きる仲間に出会えなかっただけなのです。

成功者、憧れの人、ロールモデルになる人の
「本を読む」
「音楽を聞く」
「ＹｏｕＴｕｂｅを見る」
「講演会に行く、セミナーに参加する」
「そこで勧められた本を読む」
「夢を持って生きている人を紹介してもらう」
「その人にも会いに行く」
「一流のサービスを体験してみる」
「本物の商品に触れてみる」
「夢を持っている人を応援する」
「あなたができることで誰かに喜ばれることをやってみる」

こうしていると、
夢を生きている仲間が少しずつ増え、
彼らのワクワクが自分にも伝染し、
夢や情熱が育ちやすくなります。

「夢を生きている人に出会い」、「夢を叶えた人の考え方を学ぶ」ことで、夢や情熱に火がつくようになります。

そして、「夢を叶えるアイデアを知り、実践する」ことで、夢と情熱が育っていきます。

また、困難を感じるとき、あきらめそうなときにも、夢を生きる仲間との友情は、あなたの情熱の炎を守ってくれることでしょう。

今、夢がなかったとしたら、

まず夢を生きる人に会いに行きましょう。

夢を生きる仲間と出会える場に出向きましょう。
ほんの少し視野を広げ、
行動を広げていくことが
あなたの夢を育み、
チャンスをもたらしてくれることでしょう。

強運な人は、足を運ぶことによって世界を広げている！

強運ワーク

少しでもワクワクするテーマはありませんか？　憧れを感じる人はいませんか？
その情報や人と接する機会をつくりましょう。足を運びましょう。

48

捨てられたバイオリンの本当の価値とは？

ある人が、汚れたボロボロのバイオリンをフリーマーケットで売っていました。
「バイオリンだから、うまくいけば1万円くらいで売れるかもしれないな」

しかし、そんな思いとは裏腹にまったく関心も向けられず、
値段を1万円から、5000円、3000円と下げていきました。
それでも誰も買おうとはしません。

とうとうヤケになって
「エーイ！　1000円でもいいから誰か持っていけ！」
まさにそう叫びかけようとしたところ、1人の紳士が現われて、
「ちょっと私に貸してください」と、声をかけてきました。

その紳士は、バイオリンをハンカチで愛おしむように磨き、
弦を1本1本、入念に調律し、静かに弾き始めました。
するとどうでしょう。
そのバイオリンは、とても美しい音色を奏で始めます。
その場にいた人は、
バイオリンの奏でる美しい音色に聴き惚れています。

あなたは自分で、勝手に自分や商品の値打ちを

「これは素晴らしい名器だ。
おそらくその価値がわからない人が手放してしまったのだろう。
このバイオリンを大切にする人に出会えば、
きっと喜んで感謝して、
素晴らしい音を奏でて
持ち主を幸せな気持ちにしてくれるに違いない」と、紳士がいったのです。

すると、その演奏を聴いていた何人もが
バイオリンをほしいといい出しました。
3万円、5万円、10万円……。
そしてなんと、
「30万円でこのバイオリンをぜひ譲ってくれ！」という人も。
さて、

過小評価していませんか？
人から評価されない、売れないからといって、
自分の値打ちを下げたりしていませんか？
もう、
自分や商品をボロボロのバイオリンだと
思うことはやめましょう。

もっと自分を愛して、
自分を信じて、
自分らしく生きてみましょうよ。

強運ワーク

私たちは、この世界に、自分らしさという、最高に美しい音楽を奏でるためにやってきました。
まずは自分自身を愛おしむことから始めましょう。
「私には素晴らしい価値がある」「私には無限の可能性がある」と唱えましょう。

49

成功の秘訣は、誰もができることを誰もができないレベルで徹底的にやり続けること

【業績向上・行動の三大原則】

❶「Do it!」（すぐやる）
❷「Fix it!」（すぐに改める）
❸「Try it!」（すぐ試みる）

「アメリカのわずか2%にしかすぎない超優良企業は、常に業績向上の大原則として、この3つを一貫させている」

これは、『エクセレント・カンパニー』や『エクセレント・リーダー』などの名著で有名な経営コンサルタント、トム・ピーターズ氏の言葉です。

もし、あなたがこの三原則を実践しているとしたら、もうエクセレント・リーダーの最高の資質を磨いていることになります。

もしあなたの会社が、この方針を取り入れているならば、エクセレント・カンパニーになるのも夢ではありません。

そして、この三大原則は特別な才能が必要なわけではなく、誰でもやろうとしたらできることです。

何か1つでもいいので、「誰もができること」を「誰もができないレベルで徹底的にやり続ける」ことをやってみませんか？

そこで提案です。

例えば、「誰もができること」とは……

明るい笑顔、気持ちのよいあいさつや返事、

マメな報告・連絡・相談、

本を読むこと、早起き、感謝すること、

気配りすること、相手の喜ぶことをすること、

最優先事項を優先すること、即断即決すること、

などです。

「誰もができないレベルで徹底的にやり続ける」こととは、

「長期間コツコツ行う」ことだけをいっているのではありません。

それ以外にも、

情熱を込めて行う、楽しみながら行う、

工夫して行う、愛を持って行う、

集中して行う、心を込めて行う、

なども当てはまりますね。

並の才能しかなくても、

並外れた情熱や習慣力で成功した人、

豊かになった人は無数にいます。

その人は幸運だったわけではありません。

幸運や強運を引き寄せる力を

身に着けていたのです。

強運ワーク

❶誰もができることを❷誰もができないレベルで徹底的にやり続けることで、人生が劇的に変わるとしたら、あなたは何をしますか？

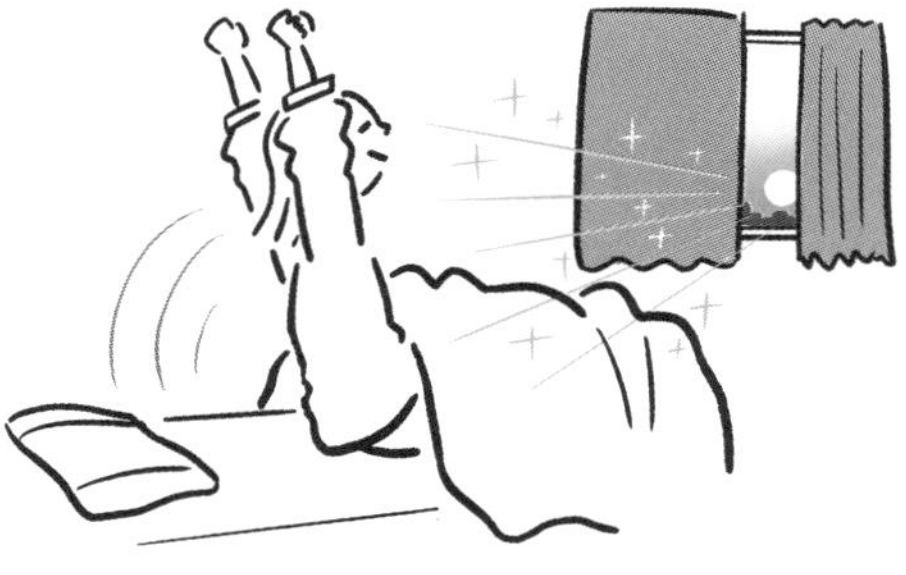

50

すべてはうまくいっている！今までも、これからも

誰もが、悩んだり、苦しんだり、
どうしたらよいか途方に暮れるときってありますよね。
もちろん、私にもたくさんありました。

☆生まれつき首が不自由だった。全身アトピーで苦しんだ

おかげで健康に関心を持つことができ、
心の痛みも少なからず理解できるようになった。

☆高校時代、夢破れ、自信喪失、自己嫌悪

悩みを解決したくて本を読み漁った。
そして人間の可能性、人生の素晴らしさについて
飽きることなく研究を続けてこられた。

☆交通事故で九死に一生を得た

おかげでそれ以来、たった一度の人生だから

「やりたいことは何でも、思いっきり挑戦しよう」と思えるようになった。

☆6000万円の借金を抱えていたにもかかわらず、突然リストラ。生活費・子どもの養育費もなくて、月末を越せるかどうか心配な夜が続いた

おかげでお金のありがたさが骨の髄までわかるようになった。
わざわざセミナーに足を運んでくださるお客様のありがたさも……。

☆待望の長男が誕生。未熟児で、生後2ヵ月、集中治療室に入院

毎日1時間しか会えなかった。手を触れることもほとんどできなかった。
おかげで一層子どもに対する愛情が大きく育った。
ふれ合いやレイキ（世界一ポピュラーな癒しの手法）のありがたさも身に沁みた。

「ことごとくうまくいかない」「ほとほと困り果てた～」「お先真っ暗闇！」といったことを、誰しも一度や二度は経験しているのではないでしょうか？

でも、今この本を読んでいると……結局、

最後は「何とかなるもんだな～」と思いませんか？
むしろ、その経験を通じて、人生の喜びや幸せを一層、
深く味わうことができた！　すべてはシナリオ通り！

すべてはうまくいっている。
今までも、これからも。
どこにいて、何していても、愛の中。

だからこれから、どんなことが待っていても、乗り越えることができる。
すべては天命に導かれるために必要なチャレンジなんですね。

強運ワーク

あなたの人生で大変だったことを3つ思い出してください。
そこから何を学びましたか？　その経験や学びを活かし、人生が好転したことを思い浮かべましょう。

51

幸せクレッシェンド、ワクワク・クレッシェンド人生

「あなたを奮い立たせる言葉」や
「あなたをそっと支えてくれる言葉」をお持ちですか？
私たち夫婦にとって、その言葉は……

「クレッシェンド」です。

妻と出会った頃、まわりから
「オー、今が一番いいときだね！」といわれ、
とってもうれしかったのを覚えています。
それからプロポーズしたときも、婚約したときも、
結婚式・披露宴の日も、「今日は最高の一日ね」と、
出席してくださった人たちにいわれました。

ハネムーン中、クルーズでご一緒したご年配のご夫婦には、
「今が一番幸せね」といわれました。
そのとき私は、
「今が最高ってことは、これから下り坂かね？」なんて、
笑いながら冗談をいいました。

するると、妻が笑顔で

「私たちは『クレッシェンド人生』にしちゃいましょう。幸せクレッシェンドとワクワク・クレッシェンドの人生にしちゃいましょう」

といってくれました。

妻は、ピアノを教えています。
クレッシェンドというのは、
音楽用語で、譜面に書く「<」こんな形をした記号です。
音を「だんだん大きくする」という意味の記号ですね。
「幸せやワクワクをだんだん大きくしていこうね」と誓い合いました。

私たち2人は、
辛いことがあっても、
落ち込むことがあっても、

いつでも「クレッシェンド、クレッシェンド」と呪文のように唱えてきました。
その言葉がどれだけ私たちを励ましてくれたか、わかりません。

もちろん、幸せやワクワクを感じたときも、

「クレッシェンド、クレッシェンド」

と唱えてきました。

波はもちろんありますが、幸せがずっと拡大してきています。
そして、年齢を重ねてもワクワクすることが増えてきています。
幸せやワクワクがいつまでも拡大し続ける人生などは、ないかもしれません。
ただ、上昇カーブの波にのり、幸せやワクワクを拡大することはできますし、
下降カーブのときは、それを軽く静かにやり過ごすことはできますよ！

強運ワーク

あなたが気分がよくなる言葉は何ですか？　それを一日十回唱えてみましょう！　叶っていきますよ！
「口」に「十」と書いて、「叶」う。その言葉通りの人生が実現していきます！

52

人が夢を育て、夢が人を育てる。人は夢と共に成長する

その昔、創造と奇跡を司る神と、
慈悲と悟りを司る仏は、
実際に肉体を持ち、人々と共に暮らしていました。

人々は最初、
「自分ではどうしようもできない」
そんな問題が起きたときにだけ、神や仏に救いを求めていました。

しかしときが経つにつれて、だんだんと人々は
自分で解決するということを忘れて、
何でもかんでも、神に求め仏にすがるようになってしまいました。

神と仏は「これではいけない」と考え、
ひとまずどこかへ身を隠すことにしました。
神と仏はあれこれ相談した結果、
人間に聞かれないようにひそひそ声でこう言いました。
「よし、うんと小さくなって　人の心の中に隠れよう……」と。

これは、『一分で読めて一生忘れない悟りのおはなし（服部順空／パレード）』中の、
「誰の心の中にも神様や仏様が隠されている」というステキなお話。
これは単なる寓話ではありません。

私たち人間は「奇跡を創造する力」と「慈悲深く素晴らしい叡智」にあふれた存在ではないでしょうか？

神様や仏様が
常に自分の中にいるということを思い出しさえすればよいのです。
それを自覚し、信頼できる程度に素晴らしい人生を創り出し、
また信頼できない程度に、制限された人生を創り出しているのでしょう。

歴史を見ると偉大な指導者が現れ、
人々を導いていく時代がありました。

多くの人が偉大な指導者に人生を託し、自分の力を預けました。
しかし、偉大な指導者は皆、口をそろえて、次のようなことをいっています。

「あなたの中にも私と同じく素晴らしい力がある。
私はそれに気づいてもらうために
あなたの目の前に鏡として現れた」

「私がしたように見えることは
偉大な設計者が私を通じてしたことであって、
肉体の私がしたことではない。
そして私を通じて与えられた力は、あなたを通じて表すことができる。

さあ、自分自身を信頼して挑戦しよう！」

才能や魅力は一人一人違っても、夢に挑戦する中で、あなたの才能や魅力が磨かれていきます。

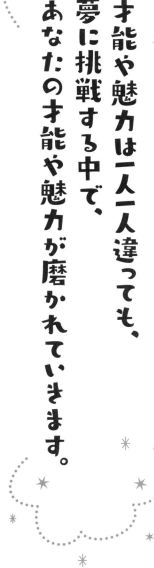

人は夢と共に成長します。

人は夢と共に自分が誰かを思い出します。

神様と仏様が心の中にいる私たちが幸せになれないわけがありません。強運でないわけがありません。

強運ワーク

チャンスのときも、ピンチのときも、いつでも問いかけてみましょう。

もしこのチャンスや経験を神様が与えてくれているとしたら、私には何ができるだろうか？

どんな意味があるだろうか？　どのように応用・発展させることができるだろうか？

今、目の前に神様が現れたら、私に一番いいたいことって何だろうか？

53

感動に神動き、
神働く。
感動は神の導き。
すぐ行動しよう

30歳になるまで、
ハリウッドでの活躍を夢見ていた無名の俳優兼脚本家。
華々しい世界にいても、成功とはまったく無縁。
有り金がたった106ドル（約1万5000円）しかありませんでした。

そんな彼にチャンスが突然訪れます。
ときの王者であり伝説の男、モハメド・アリと
無名のチャック・ウェップナーのボクシング中継。
無名でしかも36歳という、ボクサーとしては老いた年齢の男が予想をくつがえし
王者モハメド・アリからダウンを奪い、
最終ラウンドまで戦い抜いたのです。

それは、まさに彼を奮い起こすような出来事でした。
そのとき抑え切れない感動が込み上げ、
情熱が彼を動かし、彼を導いたのです。
彼は三日三晩、寝ずに脚本を書き上げエージェントに送ると、
すぐに2万ドルが提示されました。ただし、主演は別のハリウッド・スター。
ところが、どうしてもその作品を自分が演じたかった彼は、

それを断ります。
ついには、「主演は別ならばなんと33万ドル（5000万円弱）」という金額を積まれても、
自分が主演する、という条件を譲らなかったのです。

エージェント側はついに折れ、
彼が主演することに同意しました。
しかし、脚本料は当初の提示額と同様の2万ドル、出演料は最低賃金。

ヒットしなければ、
それで脚本家としても俳優としても
最大のチャンスを失うことになりかねません。

ところがこの映画は空前の大ヒットとなりました。

この、売れない俳優兼脚本家は、シルヴェスター・スタローン。

脚本は、名作『ロッキー』だったのです。

『ロッキー』シリーズは大ヒット。
約10億ドル（約1500億円）を稼ぎ出し、
アカデミー賞最優秀作品賞・監督賞・編集賞にも輝いたのです。
以来、俳優・脚本家・監督として、
世界的にその才能を認められたことは、
いうまでもありません。
冴えない男がアメリカンドリームを
つかみとるという物語は、
まさにその後のスタローン自身を象徴しています。

感動は神をも動かし、
神をも働かせる力があります。
あなたやまわりの人を、神が導くかのように働き、
奇跡としか思えないようなことを起こしてくれます。
あなたの中の神のような無限の力が発動するのです。

そんな感動を受け、
感動を呼び起こすことができたら、最高ですね。

感動を受けたら、できるところから早速、行動してみましょう。
感動に神動き、神働く。感動は神の導きであり、神の道を生きることとなる。

「感動」
⇓
「神動《かんどう》」
⇓
「神働《かんどう》」
⇓
「神導《かんどう》」
⇓
「神道《かんどう》」

強運ワーク

あなたが感動し、行動したことで、一番印象に残っていることは何ですか？
それは、どんな神の働きがあったと思いますか？
あなたの内なる神がどのように動いたでしょうか？

54

強運の数字を意識すればますます強運になる

あなたがいかに**強運か、証明してみましょう。**
この9つの数字を覚えておくだけで、
私たちはとっても強運だということを思い出すことができます。
そして、さらに人生を豊かにすることができます。

❶
両親がいなければ私たちはこの世に存在していません。
そして、おじいちゃん、おばあちゃんがいなければ……。
このように10代さかのぼる（約３００年前）と、
先祖の総数は**２０４６人**。
この２０４６人のうち１人として成人していなかったら、
私もあなたも存在していません。
すべての先祖が、
飢餓・災害・戦争・病気・不慮の事故などを乗り越えてきたのです。
私たちは、そういった強運の持ち主が
次々受け継いでくれた、**「奇跡のバトン」**を受け取っているのです。
ありがたいな、と思うと同時に**私たちは強運の結晶といってもよいでしょう。**

❷ **5500人・200万人・2億人**

これはあなたが、1日・1年・一生を100年として考えて、お世話になる人の数。
今日の食事にしてもどれだけの人が関わって食卓に運ばれてきたことでしょう。
それが私たちの血と肉となっています。
1人では、とても生きていけません。
出会いに感謝。
また、私たちが目の前の仕事や大切なことに熱心に取り組んでいくと、
なんと一生では**2億人**に貢献できる可能性があるのです。
一人一人素晴らしい価値と可能性がありますね。

❸ 世界中に少なくとも生物と呼ばれるものが
現時点で**175万種**、発見されています。
その中で夢を形にすることができ、
未来を自ら切り開いていけるのは、人間だけだといわれます。
つまり私たちは**175万分の1**という確率で生まれてきた**奇跡の存在ですね。**

❹ 米国、ミシガン大学の研究によると、
「心配事の**96％**は起こらない」そうです。

ましてや強運なあなたには、悪い予想は当たりません。
取り越し苦労はやめて、安心して挑戦しましょう。

❺世界中で**5億部**売れたギネス級ベストセラー書籍の『こころのチキンスープ』シリーズは、
その最初の本が出るまでに**144社**に「出版できない」と断られたところから始まったそうです。
でも、著者であるジャック・キャンフィールドさんとマーク・ヴィクター・ハンセンさんは、
断られるたびに改善策を教えてもらったそう。つまり、
144回ものコンサルティングを受け（しかも無料）、改善していった結果、歴史的なベストセラーが生まれたのです。

❻米国、カーネギーメロン大学の研究によると、
「**30秒**のハグで**32%**ストレスが解消する」そうです。
そんなハグができる人に出会えたら最高ですね。

❼英国のサセックス大学は、

「**6分**の読書で**68%**もストレスが軽減する」と発表しました。
コーヒー、音楽鑑賞、ゲームよりも効果的なのだそう。
大好きな本を読みましょう。

❽ 米国、ジョージア工科大学の研究で、**20分**の運動で記憶力は**10%**アップすることがわかりました。
ウォーキングなど軽い運動でいいですよ。

❾ 社会心理学者ジェームス・マース氏によると、**20分**の仮眠で**8時間**分の疲労回復があり、作業効率が上がるそうです。
休憩をうまく入れましょう。

強運ワーク

あなたがいかに「強運の持ち主」なのか、思いつくことを挙げてみましょう。
数字やデーターなどは不要です。

55

人生最大の力……
今日どんな
「選択」をするかで、
未来も大きく変わる

人生は選択の連続です。

例えば、
転職する、引っ越す、結婚する……。
といった、人生を変えるような大きな選択だけでなく、
小さな選択も実は、
大きく未来を変えることにつながっています。

あなたは、今までやったことがないことに直面したとき、
未知で怖いから「やめよう」というネガティブな選択
あるいは、未知なことだから「(だからこそ)やってみよう」
という、ポジティブな選択
どちらを選びますか?

私は「怖いことだからやめよう」と、
無意識に思ってしまうタイプでした。

「ポジティブ」「愛」「ワクワク」からの選択をするのか?

「ネガティブ」「怖れ」「イヤイヤ」からの選択をするのか？
そのどちらを選ぶかで、
ちょっとだけ違うあなたが、明日には**2パターン**できます。

そして明後日には**4パターン。**
そして3日後には**8パターン。**

10日後には、**1024パターン。**
20日後には、約**100万パターン。**
30日後には、約**10億パターン。**
なんと、1ヵ月後には

10億パターン

もの生き方が生まれる計算になります。

今のなんの気なしにしている「ちょっとした選択や決断」が、
未来（1ヵ月後）を大きく変える可能性があることを
示していますね。

バシャールという宇宙存在を日本に招き、
「ワクワク生きよう」ということを提唱した関野直行さん。
私は30代の頃、彼から学んだことがあります。

私は、「ありがとう」とお礼をいうところを
「すみません」と謝っていることがよくありました。
関野さんが忙しい中、打ち合わせの時間をとってくれたことにも、
「すみません」といいました。すると、

「そこは『ありがとう』っていった方が
お互いに気分がよくなるよね。
トシタカは、『すみません』の代わりに
『ありがとう』っていうだけで、
人生が変わるよ」

とすすめてくれました。

ちょっとした言葉の選択ですが、
あれから私はありがとうを選び、**強運体質**となり、人生が大きく変わりました！

あなたも、

「私は愛を選ぶ！」
「私はポジティブを選ぶ！」
「私はワクワクを選ぶ！」

と毎日宣言し、行動してみませんか？
それを10日、続けてみませんか？
１０２４分の１の確率で、
よい方向にあなたの人生が導かれていきますよ。
１ヵ月行うと……

10億分の1の確率でステキな未来につながっていきますよ。

強運ワーク

あなたの、昨日1日の選択を振り返ってみましょう。

「愛」「ワクワク」からの選択はどのくらいありましたか？

「怖れ」「イヤイヤ」からの選択はどのくらいありましたか？　では、今日はどんな選択をしていきますか？

あとがき

「人生は神の手によって書かれたおとぎばなしである」（アンデルセン）。

神様と一緒に最高のストーリーを書いてきているとしたら、ステキではありませんか？

今、あなたがどのような人生を送っているとしても……すべては天命に導かれています。

さあ、ここからますます強運を味方につけて、思いっきり人生をワクワク楽しんでいきましょう。

そのために本書が少しでもお役に立てたら光栄です。

本書で紹介してきた55の法則、すべてを身につける必要はありません。

たった1つでもいいので、楽しんでチャレンジしてみてくださいね。

そしてあなたなりの「強運法則」をつかみ、活かしていってください。

絶対大丈夫！
あなたには、ますます「強運の人生」が
待っていますから！
だってあなたは神様と約束してきた人だから。
神が書いた素晴らしいストーリーを演ずる
主役に抜擢された人だから。

ただ、忙しい時間の流れの中で、重要なことをついつい忘れてしまう、先延ばししてしまう……といったこともよくあることです。そこで、本書のエッセンスを活かしたり、書ききれなかった強運をさらに後押しする**「特別プレゼント」**をご用意しました。詳しくは、Ｐ２６３をご覧くださいね。

「なぜか不思議とうまくいく人生」を共に歩んでいきましょう。

最後になりましたが、本書の出版までに本当に多くの方々にお世話になりました。

特に編集の労をおとりいただいた碇耕一さんはじめポプラ社の皆様、デザイン担当のソウルデザインの皆様、イラストレーターの兒島衣里さん、編集協力の柿沼曜子さん、出版にこぎつけ、文献の調査や原稿の完成まで共に進めてくれたヴォルテックス企画開発部の岡孝史さん、山野佐知子さんには感謝でいっぱいです。

そして私と一緒に多くの人々の可能性を広げていくことにエネルギーを注ぎ続けてくれているヴォルテックスのスタッフに心より感謝申し上げます。

望月俊孝

本編でお伝えした55個のメッセージはいかがでしたか?
最後までお読みいただいたあなたに
望月の最新研究・実践をプレゼントさせていただきます。

01 **名著や実践から得た夢実現や成功のヒントなどの「耳より情報」の配信**

02 **望月俊孝特別動画セミナー「強運法則」**

03 **ハッピー・アファメーション・メッセージ**
（本書未掲載の幸せと成功の法則集です）

04 **望月俊孝の「夢を叶える宝地図・講演会」の無料ご招待**
（他にも4種類の講演会）

ピンときた方は下のQRコードからLINEにご登録ください。
プレゼントの受け取り方法をお伝えします。

またはスマホでLINEを開いていただき「@vortex_takaramap」をID検索して
申請してくださいね（@をお忘れなく）。

https://www.takaramap.com/130QR/
スマートフォンでご覧ください。

望月俊孝（もちづきとしたか）

1957年山梨県生まれ。中学時代より、イメージトレーニング、瞑想法、成功哲学などに興味を持ち、独自に研究を始める。上智大学法学部を卒業後、自動車販売会社を経て、1984年、能力開発セミナー会社に入社。チーフ・インストラクターとして活躍。

6000万円の借金を抱え突然リストラされるも1年でV字回復。1993年、ヴォルテックス設立。現在、夢実現（宝地図）、ヒーリング（レイキ・癒し）、セルフイメージ向上（エネルギー・マスター）を主体とする人材教育に関わっている。

著書に『何歳からでも結果が出る 本当の勉強法』（すばる舎）、『[新版]幸せな宝地図であなたの夢がかなう』（ダイヤモンド社）、『見るだけで9割かなう!魔法の宝地図』（KADOKAWA）、『心のお金持ちになる教科書』（ポプラ社）、『氣を活かしてわたしが変わる 究極の氣　レイキ』（河出書房新社）、『人生の優先順位を明確にする 1分マインドフルネス』（KADOKAWA）、『未来へ導く 1％の人だけが知っている 魔法の読書法』（イースト・プレス）、『人生も仕事も自動的に好転する!　引き寄せの法則見るだけノート』（宝島社）、『今すぐ夢がみつかり、叶う「宝地図」完全版 1日3分見るだけ!』（主婦と生活社）、など著書は42冊にのぼり、7カ国語に翻訳され、累計部数は100万部を突破している。

編集協力……柿沼曜子
デザイン……鈴木大輔・江﨑輝海（ソウルデザイン）
イラスト……兒島衣里

企画協力……岡 孝史・山野佐知子（ヴォルテックス）

3秒ごとに幸せを引き寄せる強運の法則55

2024年2月19日　第1刷発行

著　者　望月俊孝
発行者　千葉　均
編　集　碇　耕一
発行所　株式会社ポプラ社
〒102-8519　東京都千代田区麹町4-2-6
一般書ホームページ　www.webasta.jp

印刷・製本　中央精版印刷株式会社

N.D.C.914 ／263p ／19cm　ISBN978-4-591-18052-5

8008448